2022 房地产经纪专业人员职业资格考试

房地产经纪人协理考试高频考点与真题解析
房地产经纪综合能力

58 安居客培训赋能中心　　　　　　联合编写
正房科技考试研究组

杜　岩　刘惠鑫　任芳芳　主　编

中国建筑工业出版社
中国城市出版社

图书在版编目（CIP）数据

房地产经纪人协理考试高频考点与真题解析．房地产经纪综合能力/58安居客培训赋能中心，正房科技考试研究组联合编写；杜岩，刘惠鑫，任芳芳主编．—北京：中国城市出版社，2022.7
2022房地产经纪专业人员职业资格考试
ISBN 978-7-5074-3492-7

Ⅰ.①房… Ⅱ.①5…②正…③杜…④刘…⑤任… Ⅲ.①房地产业—经纪人—资格考试—中国—自学参考资料 Ⅳ.①F299.233

中国版本图书馆CIP数据核字（2022）第130401号

本书是面向房地产经纪专业人员职业资格考试的复习辅导用书，帮助考生总结提炼考试要点、掌握考试规律。从考生应试需求出发，结合教材的章节编写，内容分为章节导引、章节核心知识点、真题实测、章节小测、模拟卷几部分。本书的主要特点是核心知识点突出、以练带学，能更有针对性、更突出重点地帮助经纪人员理解考点和加深记忆，是考前冲刺重要的复习资料。

责任编辑：毕凤鸣
责任校对：李美娜

2022房地产经纪专业人员职业资格考试
房地产经纪人协理考试高频考点与真题解析
房地产经纪综合能力
58安居客培训赋能中心
正房科技考试研究组　联合编写
杜　岩　刘惠鑫　任芳芳　主　编

*

中国建筑工业出版社、中国城市出版社出版、发行（北京海淀三里河路9号）
各地新华书店、建筑书店经销
北京建筑工业印刷厂制版
北京圣夫亚美印刷有限公司印刷

*

开本：787毫米×1092毫米　1/16　印张：8¾　字数：217千字
2022年8月第一版　　2022年8月第一次印刷
定价：29.00元
ISBN 978-7-5074-3492-7
（904490）

版权所有　翻印必究
如有印装质量问题，可寄本社图书出版中心退换
（邮政编码 100037）

本书编委会

主编单位：58安居客培训赋能中心

　　　　　正房科技考试研究组

主　　编：杜　岩　刘惠鑫　任芳芳

参编人员：赵汝霏　金梦蕾　侯蕴藝　孙亚欣

　　　　　张　莹

前　言

一、为什么要编写这套考试辅导用书

多数房地产经纪从业人员希望通过国家职业资格考试，取得一个官方认证的合法身份。一线经纪人员如果没有相应的资格证书在手，业绩做得再好总少点底气和信心。首先，害怕被业主或者客户问有没有资格证，质疑自己的专业能力；其次，担心政府管理部门检查有没有持证上岗，整天提心吊胆；再有，就是不能在经纪服务合同上签名，做业务名不正言不顺。据统计，全国已经有20多万人取得房地产经纪专业资格证书，还没有通过考试的人压力会越来越大。这些苦恼，迫使经纪从业人员亟需通过职业资格考试取得一个专业身份。

愿望很美好，现实很残酷。一线房地产经纪人员平时工作繁忙，每天怀揣着财富梦努力开发、带看、做单、冲业绩，一周工作6天，常常从早9点忙到晚11点，节假日更是最忙的时候，几乎没有时间看书、复习。经纪人考试四本书，加起来1000多页；协理考试两本书，也有好几百页，怎么办？于是我们组织编写了本套考试辅导用书，旨在帮助经纪人员更好地理解教材内容，事半功倍达到复习效果。

二、这是一本什么样的考试辅导用书

这是一套从考生应试需求出发，总结提炼考试要点、掌握考试规律的复习辅导用书。本书的编写目的，是帮助胸有成竹的考生考出优异的成绩；帮助没有足够时间看书复习的考生提高复习效率；帮助临场没有太大把握的考生提高应试技巧；帮助没有太多时间看书的考生多掌握必备知识点。本书的编写人员拥有多年考试辅导经验，熟读考试用书，精通命题规律，了解历年核心知识点，掌握解题技巧。

本书内容分为【章节导引】【章节核心知识点】【真题实测】【章节小测】【模拟卷】几部分。

【章节导引】用关系图的形式，帮助考生一目了然地掌握知识要点的逻辑关系，概览知识体系。

【章节核心知识点】对经纪人员应知应会内容进行总结和提炼，帮助考生快速掌握考试的要点和命题的重点。

【真题实测】和【章节小测】从应试角度出发，结合历年的真实考题，梳理相关核心知识点，进行章节测试，辅之详细的解析，提高考生的解题能力。

【模拟卷】仿照考试真题，按照真实考试题型题量及分布的要求拟定的考试模拟题，帮助考生模拟考试实战。

综上，本书的主要特点是核心知识点突出、以练带学，能更有针对性、更突出重点地帮助经纪人员理解考点和加深记忆，是考前冲刺重要的复习资料。

三、这套考试辅导用书能解决什么问题

考生的情况千差万别,这套书如何兼顾不同的情况?到底能解决什么问题?编写者动笔之前就明确了本书要解决的问题。

如果考生没有充足的复习备考时间,本书中的"核心知识点"可以让考生提高学习效率,节省复习时间。

如果考生的解题技巧不娴熟,本书的解题分析可以帮助考生了解解题思维,掌握解题技巧,让考生做题时驾轻就熟。

如果考生对考试的形式比较陌生,本书的模拟卷可以让考生提前练兵,考试时面对真题似曾相识,镇定自若。

如果考生到考试了还没看完书,本书可以让考生临阵磨枪,尽可能利用解题技巧多做对题。

如果考生已看过多遍考试用书,本书的模拟试题可以检测考生的复习效果,考查考试用书的掌握情况。

需要说明的是,本书只是概括了核心知识点,并不能囊括教材中的所有知识点,考生也可根据自己对不同章节知识的掌握程度、时间安排等进行自我学习规划。

四、希望更多的考生能够看到这套用书

房地产经纪是一个不靠关系、不求人的公平竞争的行业,很多草根出身的年轻人通过努力做单,实现了人生财富的累积。房地产经纪专业人员职业资格考试,相对于业务竞争更加公平、有序,复习的一分一秒一定会转化为一个对题一个得分。当然,公平不可能是绝对的,业务上同样的努力,因所在区域或商圈不同,工作业绩差异很大;复习上花费同样的时间,如果没有选对考试辅导用书,就可能因几分之差而需继续准备下一年的考试。

最后,希望更多的人看到本套辅导用书,通过高效率的复习,顺利通过考试,成功完成房地产经纪专业人员身份的逆袭。恳请广大读者提出宝贵意见,便于后期修订。

编者

2022 年 4 月

目 录

第一章 房地产经纪概述 ············· 1
- 【章节导引】 ············· 1
- 【章节核心知识点】 ············· 1
  - 核心知识点1：房地产业 ············· 1
  - 核心知识点2：房地产经纪服务的特性 ············· 2
  - 核心知识点3：房地产经纪的分类 ············· 2
  - 核心知识点4：房地产经纪的作用 ············· 3
  - 核心知识点5：房地产经纪行业行政监管 ············· 3
  - 核心知识点6：房地产经纪机构 ············· 4
  - 核心知识点7：房地产经纪机构经营信息公示内容 ············· 5
  - 核心知识点8：房地产经纪专业人员职业资格考试 ············· 5
  - 核心知识点9：房地产经纪人员登记 ············· 6
  - 核心知识点10：房地产经纪专业人员继续教育 ············· 7
  - 核心知识点11：房地产经纪专业人员职业道德 ············· 7
  - 核心知识点12：房地产经纪执业规范 ············· 8
  - 核心知识点13：房地产经纪业务风险防范 ············· 9
- 【真题实测】 ············· 9
- 【真题实测答案解析】 ············· 10
- 【章节小测】 ············· 11
- 【章节小测答案解析】 ············· 13

第二章 房地产和建筑 ············· 16
- 【章节导引】 ············· 16
- 【章节核心知识点】 ············· 16
  - 核心知识点1：房地产的概念 ············· 16
  - 核心知识点2：建筑物的概念 ············· 17
  - 核心知识点3：房地产的特性 ············· 17

核心知识点 4：房地产的种类 ……………………………………………… 18

核心知识点 5：熟地的分类 ……………………………………………… 19

核心知识点 6：建筑物的分类 …………………………………………… 19

核心知识点 7：不同建筑结构建筑物的特点 …………………………… 21

核心知识点 8：建筑物的构造组成 ……………………………………… 21

核心知识点 9：各类窗户 ………………………………………………… 22

核心知识点 10：房地产识图 ……………………………………………… 22

核心知识点 11：房屋建筑面积的测算 …………………………………… 24

核心知识点 12：房屋面积的种类和得房率 ……………………………… 25

核心知识点 13：给水排水系统及设备 …………………………………… 26

【真题实测】 ……………………………………………………………… 26

【真题实测答案解析】 …………………………………………………… 27

【章节小测】 ……………………………………………………………… 28

【章节小测答案解析】 …………………………………………………… 29

第三章　房地产交易法律基础 ………………………………………………… 31

【章节导引】 ……………………………………………………………… 31

【核心知识点】 …………………………………………………………… 31

核心知识点 1：自然人的民事行为能力 ………………………………… 31

核心知识点 2：民事法律行为的分类 …………………………………… 32

核心知识点 3：合同的种类 ……………………………………………… 32

核心知识点 4：合同的效力 ……………………………………………… 33

核心知识点 5：合同的担保 ……………………………………………… 34

核心知识点 6：不动产物权的种类 ……………………………………… 34

核心知识点 7：物权变动的原则及生效 ………………………………… 35

核心知识点 8：婚姻家庭中的房屋财产关系 …………………………… 35

核心知识点 9：法定继承顺序 …………………………………………… 36

【真题实测】 ……………………………………………………………… 37

【真题实测答案解析】 …………………………………………………… 37

【章节小测】 ……………………………………………………………… 37

【章节小测答案解析】 …………………………………………………… 38

第四章　房屋租赁·······39

【章节导引】·······39

【核心知识点】·······39

核心知识点 1：房屋租赁市场的类型·······39

核心知识点 2：房屋租赁市场的特点·······40

核心知识点 3：房屋出租的条件·······40

核心知识点 4：房屋租赁合同的特征及主要内容·······41

核心知识点 5：房屋转租条件·······42

核心知识点 6：签订房屋租赁合同的注意事项·······42

核心知识点 7：房屋租赁纠纷处理·······43

核心知识点 8：影响房屋租金的主要因素和租金的确定·······44

【真题实测】·······45

【真题实测答案解析】·······45

【章节小测】·······46

【章节小测答案解析】·······47

第五章　房屋买卖·······49

【章节导引】·······49

【核心知识点】·······49

核心知识点 1：房屋买卖市场的参与者·······49

核心知识点 2：房屋买卖市场的特点·······50

核心知识点 3：房屋买卖的条件·······50

核心知识点 4：存量房买卖规定·······51

核心知识点 5：房屋买卖主体资格·······54

核心知识点 6：房屋买卖流程·······54

核心知识点 7：房地产价格特点·······55

核心知识点 8：房地产价格的影响因素·······56

核心知识点 9：房地产经纪服务涉及的价格类型·······57

核心知识点 10：房地产价格咨询建议·······57

核心知识点 11：房屋买卖环节费用·······58

【真题实测】·······59

【真题实测答案解析】·······60

【章节小测】·······61

【章节小测答案解析】……………………………………………………………… 62

第六章　个人住房贷款……………………………………………………………… 64

　　【章节导引】………………………………………………………………………… 64

　　【核心知识点】……………………………………………………………………… 64

　　　　核心知识点1：个人住房贷款的特点 ………………………………………… 64

　　　　核心知识点2：个人住房贷款主要参与者 …………………………………… 65

　　　　核心知识点3：个人住房贷款的分类 ………………………………………… 65

　　　　核心知识点4：商业性个人住房贷款和住房公积金贷款 …………………… 66

　　　　核心知识点5：贷款额度 ……………………………………………………… 67

　　　　核心知识点6：还款额计算 …………………………………………………… 67

　　　　核心知识点7：抵押权概述 …………………………………………………… 68

　　　　核心知识点8：房地产抵押的主要类型 ……………………………………… 69

　　　　核心知识点9：房地产抵押的一般规定 ……………………………………… 69

　　【真题实测】………………………………………………………………………… 70

　　【真题实测答案解析】……………………………………………………………… 71

　　【章节小测】………………………………………………………………………… 72

　　【章节小测答案解析】……………………………………………………………… 73

第七章　土地和房屋登记…………………………………………………………… 75

　　【章节导引】………………………………………………………………………… 75

　　【章节核心知识点】………………………………………………………………… 75

　　　　核心知识点1：不动产登记的范围 …………………………………………… 75

　　　　核心知识点2：不动产登记的目的 …………………………………………… 76

　　　　核心知识点3：不动产登记的类型 …………………………………………… 76

　　　　核心知识点4：不动产登记程序 ……………………………………………… 77

　　　　核心知识点5：不动产登记收费及优惠减免 ………………………………… 78

　　　　核心知识点6：登记资料查询 ………………………………………………… 79

　　【真题实测】………………………………………………………………………… 80

　　【真题实测答案解析】……………………………………………………………… 81

　　【章节小测】………………………………………………………………………… 82

　　【章节小测答案解析】……………………………………………………………… 83

房地产经纪综合能力模拟卷（一）………………………………………………… 85

房地产经纪综合能力模拟卷（二）………………………………………………… 95

房地产经纪综合能力模拟卷（一）答案解析……………………………………… 105
房地产经纪综合能力模拟卷（二）答案解析……………………………………… 117
编者简介………………………………………………………………………………… 129

第一章　房地产经纪概述

【章节导引】

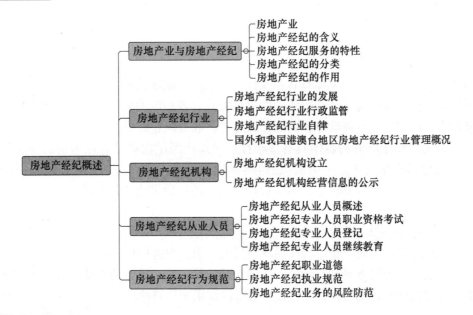

【章节核心知识点】

核心知识点 1：房地产业

（1）房地产开发经营业：具有单件性、投资大、周期长、风险高、回报率高、附加值高、产业关联度高、带动力强等特点，房地产开发企业的收入具有不连续性。

（2）物业管理业：物业管理的对象主要是已经建成并经竣工验收投入使用的各类房屋及配套的设施设备和相关场地。除维修、养护、管理外，物业服务企业还需要维护物业管理区域内的环境卫生和相关秩序，并提供相关服务。

（3）房地产中介服务业：房地产中介服务是指房地产咨询、房地产价格评估、房地产经纪等活动。房地产中介服务是房地产市场价值链中不可或缺的环节，在房地产开发、交易过程中为各级市场的参与者提供专业化中介服务。

（4）房地产租赁经营业：房地产租赁经营是指各类法人、非法人组织和自然人开展的营利性和非营利性房地产租赁活动，包括土地使用权租赁服务、保障性住房租赁服务、商品房屋租赁服务等。其中，商品房屋租赁服务包括非自有房屋租赁服务、自有房屋租赁服务等。目前，非自有房屋租赁服务、自有房屋租赁服务等市场中的住房租赁经营服务主要是由房地产开发、房地产经纪、互联网平台等企业设立的住房租赁企业提供。

1.（单选题）下列行业中，具有单件性、投资大、周期长、风险高、回报率高等特点的是（　　）。
　　A. 房地产开发经营业　　　　　B. 物业管理业
　　C. 房地产中介服务业　　　　　D. 房地产租赁经营业
【答案】A
【解析】房地产开发经营业具有单件性、投资大、风险高、回报率高、附加值高、产业关联度高、带动力强等特点，房地产开发企业的收入具有不连续性。
【出处】《房地产经纪综合能力》（第四版）P2

核心知识点2：房地产经纪服务的特性

（1）房地产经纪服务的主体具有特殊性：房地产经纪活动的主体是房地产经纪机构和房地产经纪人员。从事房地产经纪活动的机构需要具备相应的资质或条件，从事房地产经纪活动的人员需要经过专业学习和训练并通过考试取得职业资格。

（2）房地产经纪服务的客体具有多样性：房地产经纪活动的客体包括各种类型的房地产，不仅包括存量房（二手房），还包括新建商品房；不仅包括住宅，还包括商业用房、写字楼、工业用房等非住宅；不仅包括房屋，还包括房地产开发用地、房地产开发项目等。

（3）房地产经纪服务的内容具有服务性：与其他房地产中介服务（房地产估价、房地产咨询）不同的是，房地产经纪旨在促成委托人与第三方进行房地产交易。

（4）房地产经纪服务具有有偿性：房地产经纪是一种市场化的有偿服务，经纪服务提供方所获得的报酬形式是佣金，一般根据服务的结果来最终确定。

1.（单选题）房地产经纪活动的主体是房地产经纪机构和（　　）。
　　A. 房地产经纪人员　　　　　B. 委托人
　　C. 房地产主管部门　　　　　D. 交易相对人
【答案】A
【解析】房地产经纪活动的主体是房地产经纪机构和房地产经纪人员，为促成房地产交易，向委托人提供房地产居间、代理等服务并收取佣金。
【出处】《房地产经纪综合能力》（第四版）P4

核心知识点3：房地产经纪的分类

按经纪活动方式分类，经纪可分为居间、代理和行纪；就房地产经纪而言，按服务方式分类，主要分为房地产居间与房地产代理两大类：

（1）房地产居间：是指房地产经纪机构按照房地产经纪服务合同约定，向委托人报告订立房地产交易合同的机会或者提供订立房地产交易合同的媒介服务，并向委托人收取佣金的经纪行为。房地产经纪机构可以接受房地产交易中的一方或同时接受房地产交易的双方的委托，向一方或双方委托人提供居间服务。但无论是接受一方还是双方的委托，在房地产居间活动中，房地产经纪机构始终都是中间人。

（2）房地产代理：是指房地产经纪机构按照房地产经纪服务合同约定，以委托人的名义在房地产经纪合同约定的权限内，为促成交易与第三人进行房地产交易而提供专业服务，并向委托人收取佣金的经纪行为。

1.（单选题）房地产经纪机构和经纪人员可以接受一方或双方委托，这种经纪活动是（　　）。
　　A. 房地产居间　　　　　　　B. 房地产代理
　　C. 房地产经纪　　　　　　　D. 房地产行纪

【答案】A
【解析】房地产经纪机构可以接受房地产交易中的一方或同时接受房地产交易双方的委托，向一方或双方委托人提供居间服务。但无论是接受一方还是双方的委托，在房地产居间活动中，房地产经纪机构和房地产经纪人员始终是中间人。
【出处】《房地产经纪综合能力》（第四版）P6

核心知识点 4：房地产经纪的作用

（1）节约交易时间，提高交易效率；
（2）规范交易行为，保障交易安全；
（3）促进交易公平，维护合法权益。

1.（单选题）房地产经纪的作用主要表现在（　　）。
　　A. 提高交易效率　　　　　　B. 促进房地产价格下降
　　C. 增加财政税收　　　　　　D. 促使房地产交易更复杂

【答案】A
【解析】房地产经纪的作用包括降低交易成本，提高交易效率；规范交易行为，保障交易安全；促进交易公平，维护合法权益。
【出处】《房地产经纪综合能力》（第四版）P7

核心知识点 5：房地产经纪行业行政监管

（1）建设（房地产）主管部门职责：是房地产经纪活动监督管理的主要部门，职责包括制定行业管理制度、受理备案、对行业进行监督检查等。
（2）价格主管部门：承担拟定并组织实施价格政策，监督价格政策执行的重要职能。其主要负责制定房地产经纪相关的价格政策，监督检查价格政策的执行，对房地产经纪机构和房地产经纪人员的价格行为进行监督管理，依法查处价格违法行为和价格垄断行为。
（3）人力资源和社会保障主管部门职责：承担房地产经纪机构和房地产经纪人员劳动合同、社会保障关系的监督管理，承担完善职业资格制度，拟订专业技术人员资格管理政策等职能。

（4）市场监管主管部门：承担依法确认各类经营者的主体资格，监督管理或参与监督管理各类市场，依法规范市场交易行为，保护公平竞争，查处经济违法行为，取缔非法经营，保护正常的市场经济秩序。

1.（单选题）承担完善职业资格制度，拟定专业技术人员资格管理政策等职能的部门是（　　）。
A. 住房和城乡建设部门　　　　B. 人力资源和社会保障部门
C. 工商行政管理部门　　　　　D. 经纪行业组织

【答案】B

【解析】承担完善职业资格制度，拟定专业技术人员资格管理政策等职能的部门是人力资源和社会保障部门。

【出处】《房地产经纪综合能力》（第四版）P12

核心知识点 6：房地产经纪机构

（1）概念：房地产经纪机构是指依法设立，从事房地产经纪活动的中介服务机构。《城市房地产管理法》把房地产中介服务机构分为房地产咨询机构、房地产价格评估机构和房地产经纪机构。

（2）类型：

① 按照组织形式划分：公司、合伙企业、个体工商户和独资企业，公司又可分为有限责任公司和股份有限公司，目前房地产经纪机构的组织形式以有限责任公司为主。

② 按照注册资金的来源划分：中资企业、外资企业。其中外资企业又可以分为外商独资企业、中外合资经营企业和中外合作经营企业。

③ 按照经营模式划分：有店经营模式、无店经营模式。其中有店经营模式根据扩张方式的不同又可分成直营模式、特许经营（加盟）模式、混合模式和参股模式。以上几种模式的特点比较见表。

经营模式	扩张速度	扩张投入	收益	管控
直营模式	慢	大	高	容易
特许经营模式	快	小	低	相对较难
混合模式	中	中	中	相对较难
参股模式	快	大	高	适中

④ 按照主营业务的不同划分：新建商品房销售代理机构、存量房（二手房）经纪机构和综合型经纪机构。

1.（单选题）房地产经纪机构可以分为公司、合伙企业、个体工商户和独资企业是按照（　　）划分的。
A. 组织形式　　　　　　　　　B. 资金来源

C. 经营模式　　　　　　　　D. 主营业务

【答案】A

【解析】按照组织形式划分，理论上房地产经纪机构可以分为公司、合伙企业、个体工商户和独资企业。

【出处】《房地产经纪综合能力》（第四版）P20

核心知识点 7：房地产经纪机构经营信息公示内容

（1）营业执照和备案证明文件；
（2）服务项目、内容和标准；
（3）房地产经纪收费；
（4）交易资金监管方式；
（5）信用档案查询方式、投诉电话及 12358 价格举报电话；
（6）房地产经纪服务合同、房屋买卖合同和房屋租赁合同示范文本；
（7）法律、法规、规章规定的其他事项，包括房地产经纪人员的姓名、照片、注册（登记）证书等。

1. （单选题）在营业场所公示的营业执照应当是（　　）。
　　A. 营业执照正本　　　　　　B. 营业执照正本复印件
　　C. 营业执照副本　　　　　　D. 营业执照副本复印件

【答案】A

【解析】在营业场所公示的营业执照应当是营业执照的正本，营业执照不得伪造、涂改、出租、出借、转让。

【出处】《房地产经纪综合能力》（第四版）P23

核心知识点 8：房地产经纪专业人员职业资格考试

（1）申请参加房地产经纪专业人员职业资格考试应当具备的基本条件有：
① 遵守国家法律、法规和行业标准与规范；
② 秉承诚信、公平、公正的基本原则；
③ 恪守职业道德；

申请参加房地产经纪人协理职业资格考试的人员，除具备上述基本条件外，还必须具备中专或者高中及以上的学历。

申请参加房地产经纪人职业资格考试的人员，除具备上述基本条件外，报考条件为：
① 中专或者高中及以上学历，通过考试取得房地产经纪人协理职业资格证书后，从事房地产经纪业务工作满 6 年；
② 取得大专学历，工作满 6 年，其中从事房地产经纪业务工作满 3 年；
③ 取得大学本科学历，工作满 4 年，其中从事房地产经纪业务工作满 2 年；
④ 取得双学士学位或者研究生班毕业，工作满 3 年，其中从事房地产经纪业务满 1 年；

⑤ 取得硕士学历（学位），工作满 2 年，其中从事房地产经纪业务满 1 年；
⑥ 取得博士学历（学位）。
（2）房地产经纪专业人员的分类：
房地产经纪专业人员职业资格分为房地产经纪人协理、房地产经纪人和高级房地产经纪人三个级别。

1．（单选题）报考房地产经纪人职业资格考试，最低学历是（　　）。
　　A．初中　　　　　　　　　　　B．高中
　　C．大专　　　　　　　　　　　D．本科
【答案】B
【解析】高中或者中专学历的人员，只要通过考试取得房地产经纪人协理职业资格证书，从事房地产经纪业务满 6 年，就可以报名参加房地产经纪人职业资格考试。
【出处】《房地产经纪综合能力》（第四版）P28

核心知识点 9：房地产经纪人员登记

登记办理：初始登记、延续登记的有效期为 3 年，有效期起始之日为登记结果公告之日。初始登记、延续登记有效期间的变更登记，不改变初始登记、延续登记的有效期。
登记类型：
（1）初始登记：申请人取得房地产经纪专业人员职业资格证书后首次申请登记，或者登记注销、登记取消后重新申请登记的，应当申请初始登记。
（2）延续登记：登记有效期届满继续从事房地产经纪活动的，应当于登记有效期届满前 90 日内申请延续登记。
（3）变更登记：在登记期间有下列情形之一的，应当申请变更登记：
① 变更受聘机构；
② 受聘机构名称变更；
③ 申请人姓名或者身份证号码变更。
（4）登记注销和登记取消：有下列情形之一的，本人或者有关单位应当申请登记注销：
① 已与受聘机构解除劳动合同且无新的受聘机构的；
② 受聘机构的备案证明过期且不备案的；
③ 受聘机构依法终止且无新的受聘机构的；
④ 中国房地产估价师与房地产经纪人学会规定的其他情形。
有下列情形之一的，中国房地产估价师与房地产经纪人学会予以登记取消，记入信用档案并向社会公示：
① 以欺骗、贿赂等不正当手段获准登记的；
② 涂改、转让、出租、出借登记证书的；
③ 受到刑事处罚的；
④ 法律法规及中国房地产估价师与房地产经纪人学会规定应当予以登记取消的其他情形。

1. （单选题）登记注销或登记取消后重新申请登记的，应当申请（　　）。
   A. 初始登记　　　　　　　　B. 延续登记
   C. 变更登记　　　　　　　　D. 注销登记

【答案】A
【解析】申请人取得房地产经纪专业人员职业资格证书后首次申请登记，或登记注销、登记取消后重新申请登记的，应申请初始登记。
【出处】《房地产经纪综合能力》（第四版）P32

2. （单选题）房地产经纪专业人员职业资格证书初始登记的有效期是（　　）。
   A. 1年　　　　　　　　　　B. 2年
   C. 3年　　　　　　　　　　D. 5年

【答案】C
【解析】初始登记、延续登记的有效期为3年，有效期起始之日为登记结果公告之日。
【出处】《房地产经纪综合能力》（第四版）P32

核心知识点10：房地产经纪专业人员继续教育

房地产经纪人协理、房地产经纪人和高级房地产经纪人都属于国家的专业技术人员，按照《专业技术人员继续教育规定》（2015年人力资源和社会保障部令第25号）第八条规定：专业技术人员参加继续教育的时间，每年累计应不少于90学时，其中，专业科目一般不少于总学时的三分之二。

1. （单选题）房地产经纪专业人员参加专业科目继续教育的时间，每年应不少于（　　）学时。
   A. 20　　　　　　　　　　B. 30
   C. 60　　　　　　　　　　D. 90

【答案】D
【解析】专业技术人员参加继续教育的时间，每年不少于90学时，其中，专业科目不少于总学时的三分之二。
【出处】《房地产经纪综合能力》（第四版）P34

核心知识点11：房地产经纪专业人员职业道德

房地产经纪职业道德是房地产经纪机构和房地产经纪专业人员对这一职业活动所共同认可的思想观念、情感和行为习惯的总和。

房地产经纪专业人员职业道德的基本内容有：
（1）遵纪守法；
（2）规范执业；
（3）诚实守信；
（4）尽职尽责；

（5）同行同业间的尊重与合作；
（6）禁止不正当竞争。

1.（多选题）房地产专业人员职业道德基本要求是（　　）。
　　A. 遵纪守法　　　　　　　B. 诚实守信
　　C. 尽职尽责　　　　　　　D. 规范执业
　　E. 合理承担
【答案】ABCD
【解析】房地产经纪人员职业道德基本要求是遵纪守法、规范执业、诚实守信、尽职尽责、同行同业间的尊重与合作、禁止不正当竞争。
【出处】《房地产经纪综合能力》（第四版）P38～41

核心知识点12：房地产经纪执业规范

（1）业务招揽。
（2）业务承接：
房地产经纪机构应书面告知的事项：① 是否与委托房屋有利害关系；② 应当由委托人协助的事宜、提供的资料；③ 委托房屋的市场参考价格；④ 房屋交易的一般程序及可能存在的风险；⑤ 房屋交易涉及的税费；⑥ 经纪服务的内容及完成标准；⑦ 经纪服务收费标准和支付时间；⑧ 其他需要告知的事项，如法律、法规和政策对房地产交易的限制性、禁止性规定等。
房地产经纪服务合同的主要内容应包括：① 当事人的信息，包括房地产经纪服务双方当事人的姓名（名称）、身份证件名称和号码、住所、联系电话、承办房地产经纪人员的姓名和登记（注册）号等；② 服务内容，包括服务的具体事项、内容要求和完成标准；③ 服务费用，包括服务收费具体标准、金额、支付时间和支付方式；④ 双方当事人的权利和义务；⑤ 违约责任和纠纷解决方式等。
（3）业务办理：① 安排办理人员；② 明确房屋看管的责任；③ 发布房源信息或者房地产广告；④ 及时报告订约机会等信息；⑤ 撮合交易；⑥ 交易资金监管；⑦ 防止经营用途贷款违规流入房地产领域。
（4）服务收费。
（5）资料签署和保存。
（6）信息保密。

1.（单选题）安排房地产经纪人员搜集和发布房客源信息，这种行为属于（　　）。
　　A. 业务招揽　　　　　　　B. 业务承接
　　C. 业务办理　　　　　　　D. 撮合交易
【答案】A
【解析】房地产经纪业务招揽是指房地产经纪机构为获得业务委托或者推广代理销售的房屋，安排房地产经纪人员搜集和发布授权的房源、客源，以及进行宣传广告的行为。

【出处】《房地产经纪综合能力》(第四版) P41~42

核心知识点 13:房地产经纪业务风险防范

房地产经纪业务风险通常来自两个层面,一是宏观社会经济环境层面中各种变量引发的风险,二是房地产经纪业务具体环境层面中各种变量导致的风险。防范风险应做到:
(1) 提高风险识别能力;
(2) 对外承诺标准化;
(3) 合理分配权限;
(4) 培训门店责任人;
(5) 建立监察稽查体系;
(6) 转移风险。

1. (单选题) 下列选项中,不属于房地产经纪业务的风险防范的是（　　）。
   A. 对外承诺标准化
   B. 建立监察稽查体系
   C. 对经纪业务的每一个环节进行到位的风险控制
   D. 合理分配权限

【答案】C

【解析】转移风险解释中:经纪业务涉及的工作环节众多,房地产经纪机构往往很难对每一个环节都进行到位的风险控制。

【出处】《房地产经纪综合能力》(第四版) P52

【真题实测】

一、单选题（每题的备选答案中只有1个最符合题意）

1. 中介服务包括房地产咨询、估价和（　　）。
   A. 转让　　　　　　　　B. 抵押
   C. 经纪　　　　　　　　D. 租赁

2. 房地产经纪发挥润滑剂作用主要是房地产（　　）。
   A. 市场运行　　　　　　B. 征收项目
   C. 开发建设　　　　　　D. 设施运行

3. 房地产经纪服务的单笔佣金一般与（　　）关系较为密切。
   A. 贷款金额　　　　　　B. 房屋交易次数
   C. 房屋成交额　　　　　D. 回扣比例

4. 在房地产居间活动中,房地产经纪机构始终都是（　　）。
   A. 一方的代理人　　　　B. 双方的代理人
   C. 法定的代理人　　　　D. 中间人

5. 房地产经纪专业人员纳入全国（　　）制度统一规划。

  A. 上岗   B. 专业技术人员职业资格证书

  C. 特殊技术人员职业资格证书   D. 会员

6. 房地产经纪机构领取营业执照后，应到所在地的（　　）备案。

  A. 建设（房地产）主管部门   B. 自然资源主管部门

  C. 市场监督主管部门   D. 房地产行业组织

7. 房地产经纪人协理可以（　　）。

  A. 独立完成在买卖双方间牵线搭桥的工作

  B. 独立接受业主的委托

  C. 向客户推荐合适的房源

  D. 独立撮合房屋买卖成交工作

二、多选题（每题的备选答案中有 2 个或 2 个以上符合题意）

8. 房地产经纪的作用主要包括（　　）。

  A. 节约交易时间   B. 降低交易价格

  C. 提高交易效率   D. 提高交易价格

  E. 规范交易行为

9. 房地产经纪专业人员包括（　　）。

  A. 高级房地产经纪人   B. 房地产经纪人协理

  C. 房地产经纪人   D. 初级房地产经纪人

  E. 中级房地产经纪人

10. 下列房地产经纪机构收费行为中，属于违反国家法律法规的有（　　）。

  A. 收取任何未予标明的费用

  B. 赚取差价及谋取合同约定以外的非法收益

  C. 以房地产经纪人员个人名义收取任何费用

  D. 利用虚假信息骗取中介费、服务费、看房费等费用

  E. 协商并经委托人同意确认收取代办房屋权证服务费

【真题实测答案解析】

1.【答案】C

【解析】房地产中介服务是指房地产咨询、房地产价格评估、房地产经纪等活动。

【出处】《房地产经纪综合能力》（第四版）P2

2.【答案】A

【解析】房地产经纪是房地产市场运行的润滑剂，是知识密集和劳动密集的行业。

【出处】《房地产经纪综合能力》（第四版）P3

3.【答案】C

【解析】房地产经纪服务佣金的多少由委托人与经纪机构协商确定，一般与促成交易的类型和成交额的大小有关。

【出处】《房地产经纪综合能力》（第四版）P5

4.【答案】D

【解析】在房地产居间活动中，房地产经纪机构和房地产经纪人员始终都是中间人，

因此既不能以一方的名义,也不能以自己的名义或为委托人的利益而充当与第三人订立合同的当事人。

【出处】《房地产经纪综合能力》(第四版)P6

5.【答案】B

【解析】《房地产经纪专业人员职业资格制度暂行规定》确定了国家设立房地产经纪专业人员水平评价类职业资格制度,面向全社会提供房地产经纪专业人员能力水平评价服务,房地产经纪专业人员纳入全国专业技术人员职业资格证书制度统一规划。

【出处】《房地产经纪综合能力》(第四版)P27

6.【答案】A

【解析】根据《城市房地产管理法》《房地产经纪管理办法》,设立房地产经纪机构包括分支机构应当向市场监督管理部门申请登记,领取营业执照后,还需要到机构所在地建设(房地产)主管部门备案。属于分支机构的,到分支机构所在地的建设(房地产)主管部门备案。

【出处】《房地产经纪综合能力》(第四版)P12

7.【答案】C

【解析】房地产经纪人协理可以独立完成房地产经纪业务的一般性工作包括接听客户来电、接待客户,了解客户对房屋面积、位置、价格和朝向等方面的需要,向客户推荐合适的房源等一般性的房地产经纪业务。

【出处】《房地产经纪综合能力》(第四版)P27

8.【答案】ACE

【解析】房地产经纪的主要作用是节约交易时间,提高交易效率;规范交易行为,保障交易安全;促进交易公平,维护合法权益。

【出处】《房地产经纪综合能力》(第四版)P7

9.【答案】ABC

【解析】房地产经纪专业人员包括房地产经纪人协理、房地产经纪人、高级房地产经纪人三个级别。

【出处】《房地产经纪综合能力》(第四版)P26

10.【答案】ABCD

【解析】服务费用收取规范中,房地产经纪服务实行明码标价制度,不得收取任何未予标明的费用,服务报酬由房地产经纪机构按照约定向委托人同意收取,并开具合法票据。房地产经纪人员不得以个人名义收取任何费用,房地产经纪机构收取佣金不得违反国家法律法规,不得赚取差价及谋取合同约定以外的非法收益,不得利用虚假信息骗取中介费、服务费、看房费等费用。

【出处】《房地产经纪综合能力》(第四版)P46~47

【章节小测】

一、单选题(每题的备选答案中只有1个最符合题意)

1. 对房地产经纪人员称为"驵侩"的朝代是( )。

　　A. 元代　　　　　　　　　　　B. 唐代

  C. 汉代   D. 宋代

2. 房地产经纪专业人员职业资格考试的评价与管理工作是由（　　）负责。
  A. 人力资源和社会保障部   B. 住房和城乡建设部
  C. 各省市房地产行业组织   D. 中国房地产估价师与房地产经纪人学会

3. 通过全国统一考试，取得经济专业技术资格"房地产经济"专业初级资格证书的人员参加房地产经纪人协理职业资格考试可以免试的科目是（　　）。
  A.《房地产经纪综合能力》   B.《房地产经纪业务操作》
  C.《房地产经纪操作实务》   D.《房地产交易制度政策》

4. 房地产经纪专业人员职业资格考试证书实行登记服务制度，登记注销或登记取消后重新申请，需要申请（　　）。
  A. 延续登记   B. 变更登记
  C. 初始登记   D. 转移登记

5. 业主王某委托房地产经纪人张某出售其名下的一套住宅，张某许诺王某出售的房屋可以卖 200 万元，张某的行为违反了房地产经纪专业人员的（　　）。
  A. 遵纪守法   B. 规范执业
  C. 诚实守信   D. 尽职尽责

6. 保证风险识别有效性的重要方式是（　　）。
  A. 全面考察   B. 投诉处理
  C. 规范档案   D. 印章管理

二、多选题（每题的备选答案中有 2 个或 2 个以上符合题意）

7. 取得房地产经纪人协理资格证书的人员应具备的职业能力有（　　）。
  A. 了解房地产经纪行业的法律法规和管理规定
  B. 基本掌握房地产交易流程
  C. 独立完成房地产经纪业务的一般性工作
  D. 协助高级房地产经纪人工作
  E. 运用丰富的房地产实践经验，分析判断房地产经纪市场的发展趋势

8. 参加房地产经纪专业人员职业资格考试的人员在考试过程中出现违规行为，导致当次科目无效的情形是（　　）。
  A. 串通作弊或者参与有组织作弊的
  B. 代替他人或者让他人代替自己参加考试的
  C. 考试结束信号发出后继续答题的
  D. 未按规定使用考试系统，经提醒仍不改正的
  E. 未在规定座位参加考试

9. 参加房地产经纪人职业资格考试人员，可以免试《房地产交易制度政策》科目的条件有（　　）。
  A. 通过全国统一考试，取得房地产估价师资格证书的人员
  B. 通过全国统一考试，取得经济专业技术资格"房地产经济"专业中级资格证书的人员
  C. 通过全国统一考试，取得房地产造价师资格证书的人员

D. 按照国家统一规定评聘高级职称的人员

E. 按照国家统一规定评聘高级经济师职务的人员

10. 房地产经纪专业人员职业资格证书登记服务工作包含（　　）。

　　A. 初始登记　　　　　　　　B. 延续登记

　　C. 变更登记　　　　　　　　D. 异议登记

　　E. 转移登记

11. 下列情形中，房地产经纪专业人员可以申请变更登记的有（　　）。

　　A. 受聘机构注册地址变更　　B. 变更受聘机构

　　C. 受聘机构名称变更　　　　D. 申请人的姓名变更

　　E. 受聘机构法人变更

12. 房地产经纪专业人员继续教育的方式有（　　）。

　　A. 参加网络培训

　　B. 参加面授培训

　　C. 房地产主管部门组织的相关研讨会

　　D. 公开出版或者发表房地产经纪相关的著作或者文章

　　E. 房地产经纪公司组织的团建活动

13. 房地产经纪专业人员继续教育的内容应具有（　　）。

　　A. 先进性　　　　　　　　　B. 针对性

　　C. 实用性　　　　　　　　　D. 服务性

　　E. 理论性

【章节小测答案解析】

1.【答案】C

【解析】汉代对经纪人的专业称谓是"驵侩"。

【出处】《房地产经纪综合能力》（第四版）P8

2.【答案】D

【解析】人力资源和社会保障部、住房和城乡建设部共同负责房地产经纪专业人员职业资格制度和政策制定，并按职责分工对房地产经纪人员职业资格制度的实施进行指导、监督和检查。中国房地产估价师与房地产经纪人学会具体承担了房地产经纪专业人员职业资格的评价与管理工作。

【出处】《房地产经纪综合能力》（第四版）P27

3.【答案】A

【解析】通过全国统一考试，取得经济专业技术资格"房地产经济"专业初级资格证书的人员参加房地产经纪专业人员资格考试可以免试的科目是《房地产经纪综合能力》。

【出处】《房地产经纪综合能力》（第四版）P29

4.【答案】C

【解析】申请人取得房地产经纪专业人员职业资格证书后首次申请登记的，或者登记注销、登记取消后重新申请登记的，应当申请初始登记。

【出处】《房地产经纪综合能力》（第四版）P32

5.【答案】C

【解析】房地产经纪人员应当信守诺言，严格按照法律规定和合同约定履行义务，不得擅自违约和毁约；同时谨防不当承诺，对于法律法规和政策不允许的或自身能力范围之外的要求，一律不承诺。

【出处】《房地产经纪综合能力》（第四版）P39

6.【答案】A

【解析】全面考察原则，即针对每一个工作环节进行考察，识别其风险。

【出处】《房地产经纪综合能力》（第四版）P50

7.【答案】ABC

【解析】取得房地产经纪人协理资格证书的人员应具备的职业能力有：① 了解房地产经纪行业的法律法规和管理规定；② 基本掌握房地产交易流程，具有一定的房地产交易运作能力；③ 独立完成房地产经纪业务的一般性工作；④ 在房地产经纪人的指导下，完成较复杂的房地产经纪业务。

【出处】《房地产经纪综合能力》（第四版）P26~27

8.【答案】CDE

【解析】参加房地产经纪专业考试的人员在考试过程中有违规的行为，当次科目无效的情形是：① 携带通信工具、规定以外的电子用品或者与考试内容相关的资料进入座位，经提醒仍不改正的；② 未在规定座位参加考试，或者未经考试工作人员允许擅自离开座位或者考场，经提醒仍不改正的；③ 在考试开始信号发出前答题，或者在考试结束信号发出后继续答题的；④ 故意损坏电子化系统设施的；⑤ 未按规定使用考试系统，经提醒仍不改正的；⑥ 其他应当给予当次该科目考试成绩无效处理的违纪违规行为。

【出处】《房地产经纪综合能力》（第四版）P29~30

9.【答案】ABE

【解析】参加房地产经纪人职业资格考试可免试《房地产交易制度政策》科目的人员为：通过全国统一考试，取得房地产评估师资格证书的人员和取得经济专业技术资格"房地产经济"专业中级资格证书的人员；或者按照国家统一规定评聘高级经济师职务的人员。

【出处】《房地产经纪综合能力》（第四版）P29

10.【答案】ABC

【解析】房地产经纪专业人员职业资格证书登记服务工作包括初始登记、延续登记、变更登记以及登记注销和登记取消。

【出处】《房地产经纪综合能力》（第四版）P31

11.【答案】BCD

【解析】在登记期间有下列情形之一的，应当申请变更登记：① 变更受聘机构；② 受聘机构名称变更；③ 申请人姓名或者身份证号码变更。

【出处】《房地产经纪综合能力》（第四版）P33

12.【答案】ABCD

【解析】E选项不属于房地产经纪专业人员继续教育的方式。继续教育学时可以通过下列方式取得：① 参加网络继续教育；② 参加继续教育面授培训；③ 参加房地产行政主管部门或者房地产经纪行业组织主办的房地产经纪相关研讨会、经验交流会、专业论坛、座谈会、行业调研、行业检查，以及境内外考察、境外培训等活动，或者在活动上发表文章；④ 担任中国房地产估价师与房地产经纪人学会或者地方继续教育实施单位举办的继续教育培训班、专业论坛或专题讲座演讲人；⑤ 在房地产行政主管部门或者房地产经纪行业组织主办的刊物、网站、编写的著作上发表房地产经纪相关文章，或者参与其组织的著作、材料编写；⑥ 承担房地产行政主管部门或者房地产经纪行业组织立项的房地产经纪相关科研项目，并取得研究成果；⑦ 向房地产行政主管部门或者房地产经纪行业组织提交房地产经纪行业发展、制度建设等建议被采纳或者认可；⑧ 参加全国房地产经纪专业人员职业资格考试大纲、用书编写以及命题、审题等工作；⑨ 公开出版或者发表房地产经纪相关著作或者文章；⑩ 在高等院校房地产相关专业进修学习并取得相关证书；⑪ 参加中国房地产估价师与房地产经纪人学会授权的房地产经纪机构组织的内部培训；⑫ 中国房地产估价师与房地产经纪人学会或者地方继续教育实施单位认可的其他方式。

【出处】《房地产经纪综合能力》（第四版）P36~37

13．【答案】ABC

【解析】房地产经纪专业人员继续教育的内容应当具有先进性、针对性、实用性。

【出处】《房地产经纪综合能力》（第四版）P37

第二章 房地产和建筑

【章节导引】

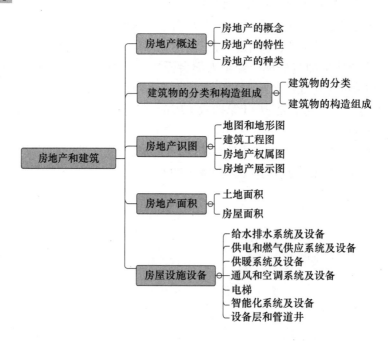

【章节核心知识点】

核心知识点 1：房地产的概念

房地产是一种不动产，形态上包括可开发的土地及其地上建筑物、构筑物，社会经济中体现为实物、权益和区位三者的结合体：

（1）房地产实物：是指房地产中看得见、摸得着的有形部分。

（2）房地产权益：是指房地产无形的、不可触摸的部分，是基于房地产实物而衍生出来的权利、利益。

（3）房地产区位：是指一宗房地产与其他房地产在空间方位和距离上的关系。

1.（单选题）房地产是实物、权益和（　　）的结合体。
　　A. 区位　　　　　　　　　　　　B. 空间
　　C. 价值　　　　　　　　　　　　D. 区域
【答案】A
【解析】房地产是实物、权益和区位三者的结合体。

核心知识点 2：建筑物的概念

（1）建筑物：建筑物是人类利用空间，实现其使用功能的主要形式，一般包括房屋、构筑物和其他地上定着物。房地产经纪服务中涉及的建筑物主要是房屋。

（2）构筑物：是指人们一般不直接在里面进行生产和生活活动的建筑，如烟囱、水塔、水井、道路、桥梁、隧道、水坝等。

（3）其他地上定着物：指附属于或者结合于土地或建筑物，从而成为土地或建筑物的从物，应在房地产交易中随着土地或建筑物的转让而转让的物，但当事人另有约定的除外。

1. （多选题）下列选项中，属于构筑物的是（　　　）。
   A. 水井　　　　　　　　　B. 道路
   C. 桥梁　　　　　　　　　D. 地下室
   E. 水塔

【答案】ABCE

【解析】构筑物是指人们一般不直接在里面进行生产和生活活动的建筑物，例如烟囱、水塔、水井、道路、桥梁、隧道、水坝。

【出处】《房地产经纪综合能力》（第四版）P54

核心知识点 3：房地产的特性

（1）不可移动：也称为位置固定性。房地产的不可移动性决定了房地产市场不是一个全国性的市场，更不是一个全球性的市场，而是一个地区性市场（一般一个城市是一个市场），其供求状况、价格水平及价格走势等都是地区性的，在不同地区之间可能不同，甚至是反向的。

（2）独一无二：也称为独特性、异质性、个别性。房地产独一无二的特性，使得不同房地产之间不会完全替代，房地产市场不能实现完全竞争。因此，房地产价格千差万别，体现为"一房一价"。

（3）寿命长久：尽管土地可能塌陷、被洪水淹没或者荒漠化等，但它在地球表面所标明的场所，作为空间是永存的。由于寿命长久，房地产可以给其占有者带来持续不断的利益。但在我国，单位和个人通过出让方式获得的国有建设用地使用权有法律规定的年限。

（4）供给有限：土地的有限性和不可再生性，以及房地产的不可移动性，决定了房地产的供给是有限的。要增加房地产供给，有两条途径：一是将农用地、未利用地转化为建设用地，并开发为房地产；二是在建设用地上增加建筑高度，建筑密度和容积率等。

（5）价值较大：房地产不仅单价高，而且总价大，繁华地段经常有"寸土寸金"之说。

（6）用途多样：多数土地就其本身来看，可以有多种不同的用途，如可用于林业、农业、工业、居住、办公、商业等。根据圈层结构理论、城市及其周围地区，由内向外可以分为内圈层、中圈层和外圈层，依次主要分布着第三产业、第二产业和第一产业。

（7）相互影响：房地产具有不可移动性，其利用通常会对周边的房地产产生影响，周围的房地产的利用状况也会对该房地产产生影响。

（8）易受限制：房地产是生产、生活不可缺少的基本要素，关系民生及社会、经济稳定，且具有不可移动和相互影响的特性，世界上几乎所有国家和地区对房地产的利用、交易等都有一些限制，甚至是严格管制的。政府对房地产的限制一般是通过管制权、征收权、征税权和充公权来实现的。

（9）难以变现：房地产由于价值较大、独一无二、不可移动等特性，加上交易手续较复杂、交易税费较多的原因，使其变现能力弱。房屋买卖通常需要经过一个较长的时间才能成交。

（10）保值增值：房地产由于寿命长久、不可再生，其价值通常可以得到保值，甚至增值。

1.（单选题）房地产价格千差万别，说明了房地产（　　）的特点。
A. 寿命长久　　　　　　　　B. 异质性
C. 价值较大　　　　　　　　D. 不可移动

【答案】B

【解析】独一无二：也称为独特性、异质性、个别性。房地产独一无二的特性，使得不同房地产之间不会完全替代，房地产市场不能实现完全竞争。因此，房地产价格千差万别，多数是"一房一价"。

【出处】《房地产经纪综合能力》（第四版）P55

核心知识点4：房地产的种类

（1）按照房地产用途的分类：① 居住房地产；② 办公房地产；③ 零售商业房地产；④ 旅馆房地产；⑤ 餐饮房地产；⑥ 体育和娱乐房地产；⑦ 工业房地产；⑧ 农业房地产；⑨ 特殊用途房地产；⑩ 综合用途房地产。

（2）按照房地产开发程度的分类：生地（不具有城市基础设施的土地，如农用地、未利用地）、毛地（具有一定的城市基础设施，有地上物，如房屋、围墙、电线杆、树木等需要拆除或迁移但尚未拆除或迁移的土地）、熟地（具有完善的城市基础设施且场地平整，可以直接在其上进行房屋建设的土地）、在建建筑物（建筑物已开始建造但尚未竣工、不具有使用条件的房地产，包括停缓建的建筑物）、现房（已建造完成、可直接使用的建筑物。习惯上又可分为新房俗称一手房和旧房俗称二手房）。

（3）按照房地产是否产生收益的分类：分为收益性房地产和非收益性房地产两大类。

（4）根据房屋供给主体的分类：分为商品房和保障性住房，保障性住房又分为公共租赁住房、保障性租赁住房、共有产权住房。

1.（单选题）有一定的城市基础设施，有地上物需要拆除或迁移但尚未拆除或迁移的土地被称为（　　）。

A. 生地 B. 毛地
C. 熟地 D. 征地

【答案】B

【解析】毛地是具有一定的城市基础设施，有地上物（如房屋、围墙、电线杆、树木等）需要拆除或迁移但尚未拆除或迁移的土地。

【出处】《房地产经纪综合能力》（第四版）P57

核心知识点 5：熟地的分类

按照基础设施完备程度和场地平整程度，熟地又可分为"三通一平""五通一平""七通一平"等的土地。

（1）"三通一平"：一般是指通路、通水、通电和场地平整。

（2）"五通一平"：一般是指具有了道路、供水、排水、电力、通信等基础设施条件及场地平整。

（3）"七通一平"：一般是指具有了道路、供水、排水、电力、通信、燃气、热力等基础设施条件以及场地平整。

1. （多选题）"三通一平"是指（　　）。
   A. 通路 B. 通水
   C. 通信 D. 燃气
   E. 通电

【答案】ABE

【解析】"三通一平"一般是指通路、通水、通电和场地平整。

【出处】《房地产经纪综合能力》（第四版）P58

核心知识点 6：建筑物的分类

1. 根据建筑物使用性质的分类：

建筑物按照使用性质，分为民用建筑、工业建筑和农业建筑三大类。其中民用建筑根据使用功能，分为居住建筑和公共建筑两类。房地产经纪活动以民用建筑为主要标的物。

（1）居住建筑：居住建筑是指供家庭或个人居住使用的建筑，包括住宅建筑和宿舍建筑。

① 按照住宅配置分为：成套住宅和非成套住宅。

② 按照一幢建筑提供居住家庭的数量分为：独幢住宅（也称为独户住宅）、双拼住宅、联排住宅、叠拼住宅。

③ 按照一幢建筑外观分为：板式住宅（也称为"板楼"）、塔式住宅（也称为"塔楼"）。

④ 按照幢内住宅的布局分为：单元式住宅、通廊式住宅（又可分为内廊式住宅、外廊式住宅）、内天井住宅。

⑤ 按照一套住宅所在的楼层布局分为：平层住宅、跃层住宅。

⑥ 按照一幢建筑的功能和性质分为：纯住宅、商住住宅（也称为商住楼）、酒店式公寓。

⑦ 按照项目的容积率分为：低密度住宅、高密度住宅。

⑧ 按照住宅的装修、品质和环境等因素可分为：低档住宅、中档住宅、高档住宅。

⑨ 按照住宅的装修分为：毛坯房、简单装修房、精装修房。

⑩ 按照住宅是否竣工交付分为：期房、现房。

（2）公共建筑：是指供人们购物、旅行、办公、学习、体育、医疗等使用的非生产性建筑，包括商业建筑、旅馆建筑、办公建筑、文教建筑、观演建筑、体育建筑、展览建筑、医疗建筑等。

2. 根据建筑物高度或层数的分类：

（1）以建筑高度分类：

① 建筑高度不大于27m的住宅建筑、建筑高度不大于24m的公共建筑及建筑高度大于24m的单层公共建筑为低层或多层民用建筑；

② 建筑高度大于27m的住宅建筑和建筑高度大于24m的非单层公共建筑，且高度不大于100m的，为高层民用建筑；

③ 建筑高度大于100m为超高层建筑。

（2）以层数分类：低层住宅（1～3层）、多层住宅（4～6层）、中高层住宅（7～9层）和高层住宅（10层及以上）。建筑物层数通常是指其自然层数，是按楼板、地板结构分层的楼层数。

3. 根据建筑结构的分类：砖木结构建筑、砖混结构建筑、钢筋混凝土结构建筑、钢结构建筑。

4. 根据建筑施工方法的分类：现浇现砌式建筑、预制装配式建筑、部分现浇现砌、部分装配式建筑。

5. 按照建筑设计使用年限的分类：

类别	设计使用年限	示例
1	5	临时性建筑
2	25	易于替换结构构件的建筑
3	50	普通建筑和构筑物
4	100	纪念性建筑和特别重要的建筑

1. （单选题）塔式住宅楼优于板式住宅楼的方面体现在（   ）。

　　A. 能节约用地　　　　　　　　B. 采光性能好

　　C. 通风性能好　　　　　　　　D. 舒适度强

【答案】A

【解析】板式住宅的通风和采光功能一般优于塔式住宅，而塔式住宅占用的建设用地面积相对较少。

【出处】《房地产经纪综合能力》（第四版）P60

核心知识点 7：不同建筑结构建筑物的特点

（1）砖木结构建筑：这类房屋抗震性能较差，使用寿命短。
（2）砖混结构建筑：砖混结构建筑层数一般在 6 层以下，这类房屋抗震性能较差。
（3）钢筋混凝土结构建筑：结构和适用性强、抗震性能好和耐用年限较长。
（4）钢结构建筑：抗震性能较好，但不耐火，耐腐蚀性也较差。

1.（单选题）建筑结构中适用性强、抗震性能好、耐用年限长，此类建筑结构是（   ）。
　　A. 砖木结构建筑　　　　　　　　B. 砖混结构建筑
　　C. 钢筋混凝土结构建筑　　　　　D. 钢结构建筑

【答案】C
【解析】钢筋混凝土结构建筑：结构和适用性强、抗震性能好和耐用年限较长。从多层到高层，甚至超高层建筑都可以采用此类结构形式，是目前我国建筑工程中采用最多的一种建筑结构类型。
【出处】《房地产经纪综合能力》（第四版）P62

核心知识点 8：建筑物的构造组成

（1）地基：地基不是建筑物构造的组成部分。地基满足的基本要求是：有足够的承载力；有均匀的压缩量，以保证有均匀的下沉；有防止产生滑坡和倾斜方面的能力。
（2）基础：基础必须坚固、稳定而可靠。根据不同标准，基础有以下分类：
① 按照使用的材料，基础分为灰土基础、三合土基础、砖基础、石基础、混凝土基础、毛石混凝土基础、钢筋混凝土基础等；
② 按照埋置深度，基础分为深基础（埋置深度大于 4m）、浅基础（埋置深度小于 4m）和不埋基础（基础直接做在地表面上的）；
③ 按照受力性能，基础分为刚性基础和柔性基础；
④ 按照构造形式，基础分为条形基础、独立基础、筏板基础、箱形基础和桩基础。
（3）墙体：墙体应满足的基本要求是：有足够的强度和稳定性，具有保温、隔热、隔声、防火、防水的能力。
（4）门和窗：门的主要作用是交通出入，分隔和联系建筑空间；窗的主要作用是采光、通风和观望。
（5）地面、楼板和梁：楼板具有以下特点：有足够的强度，能够承受使用荷载和自重；有一定的刚度，在荷载作用下挠度变形不超过规定数值；能满足隔声要求；有一定的防潮、防水和防火能力。
（6）楼梯。
（7）屋顶。

1.（多选题）墙体应满足的基本要求有（   ）。
　　A. 有足够的稳定性　　　　　　　B. 有足够的强度

C. 有一定的隔声性能　　　　D. 有一定的保温隔热性能
E. 有均匀的压缩量

【答案】ABCD

【解析】墙体应满足的基本要求：有足够的强度和稳定性，有必要的保温隔热性能；有一定的隔声性能和具有一定的防火性能。

【出处】《房地产经纪综合能力》（第四版）P65

核心知识点9：各类窗户

（1）推拉窗：优点：不占用室内外空间，开关操作轻便。缺点：一是最大开启度只能达到整个窗户面积的1/2；二是风雨天窗户关闭，无法换气；三是清洁朝外的玻璃面，特别是位于高层的，较困难；四是密封性差，湿气、灰尘容易进入。

（2）平开窗：总体优点是窗扇和窗框间均有橡胶密封压条，封闭性能好。

（3）平开上悬窗：优点是具有良好的保温隔热性能；通风时，新风回旋进入室内；刮风下雨时，也可以开启窗户，保持室内空气清新；清洁朝外的玻璃面也较为方便。缺点是五金件价格相对较高。目前主要用于高档住宅。

1. （单选题）平开上悬窗的缺点是（　　）。
A. 清洁朝外的玻璃面较困难
B. 窗口面积过大，占用室内空间
C. 家中有小孩，容易碰到小孩的头
D. 价格相对较高

【答案】D

【解析】平开上悬窗是德国应用最广泛的窗型，其技术含量相对较高。此类窗户优点是具有良好的保温隔热性能；通风时，新风回旋进入室内；刮风下雨时，也可以开启窗户，保持室内空气清新；清洁朝外的玻璃面也较为方便。缺点是五金件价格相对较高。目前主要用于高档住宅。

【出处】《房地产经纪综合能力》（第四版）P69

核心知识点10：房地产识图

建筑工程图：建筑总平面图、建筑平面图、建筑立面图、建筑剖面图、建筑详图。

（1）建筑总平面图：是用来说明建筑场地内的建筑物、道路、绿化等的总体布置的平面图。

（2）建筑平面图：是假想用一水平的剖切面沿着房屋门窗洞口位置将建筑物剖切后，对剖切面以下部分所做的水平投影图。

（3）建筑立面图：具体可以看出下列内容：① 建筑物的外观特征及凹凸变化；② 建筑物各主要部分的标高及高度关系；③ 建筑立面所选用的材料、色彩和施工要求等。

（4）建筑剖面图：具体可以看出下列内容：① 剖切到的各部位的位置、形状及图例。其中有室内外地面、楼板层及屋顶层、内外墙及门窗、梁、女儿墙或挑檐、楼梯及平台、雨篷、阳台等；② 未剖切到的可见部分，如墙面的凹凸轮廓线、门、窗、勒脚、踢脚线、台阶、雨篷等；③ 外墙的定位轴线及其间距；④ 垂直方向的尺寸及标高；⑤ 施工说明。

（5）建筑详图：包括：① 表示局部构造的详图；② 表示房屋设备的详图；③ 表示房屋特殊装修部位的详图。

房地产权属图：地籍图、宗地图、房产图（房产分幅图、房产分丘图、房产分户图）。

（1）地籍图：是地籍测量绘制的图件，是用来说明和反映地籍调查区域内各宗土地的分布、境界、位置和面积的，经过不动产登记具有法律效力的专题地图。

（2）宗地图：是通过实地调查宗地绘制的，包括一宗地的宗地号、地类号、宗地面积、界址点及界址点号、界址边长、邻宗地号及邻宗地界址示意线等内容的专业图。

（3）房产分幅图：是全面反映房屋及其用地的位置和权属等状况的基本图，是测绘房产分丘图和房产分户图的基础资料。比例尺一般是 1：500。

（4）房产分丘图：是以丘为绘制单位，是房产分幅图的局部明细图，是绘制不动产权证（房屋权属证书）附图的基本图，比例尺在 1：100 到 1：1000 之间。

（5）房产分户图：是以产权登记户为单位绘制，是在房产分丘图基础上绘制的细部图，比例尺一般为 1：200。

房地产展示图：楼盘摆位图、楼盘效果图。

（1）楼盘摆位图：也称楼盘平面展示图，是对房地产项目周边及内部重要建筑物、设施设备的位置进行简明表示的房地产项目平面展示图。

（2）楼盘效果图：也称楼盘效果展示图，是在建筑、装饰施工之前，通过施工图纸，把施工后的实际效果用真实和直观的视图表现出来，让观看者能够一目了然地看到施工后实际效果的展示图。

1．（单选题）全面反映房屋及其用地位置和权属等状况的基本图是（　　）。

　　A．房产分幅图　　　　　　　　B．房产分丘图
　　C．房产分户图　　　　　　　　D．房屋户型图

【答案】A

【解析】房产分幅图是全面反映房屋及其用地的位置和权属等状况的基本图，是测绘房产分丘图和房产分户图的基础资料。

【出处】《房地产经纪综合能力》（第四版）P75

2．（单选题）对房地产项目周边及内部重要建筑物、设施设备的位置进行简明表示的是（　　）。

　　A．楼盘摆位图　　　　　　　　B．楼盘效果图
　　C．房产分幅图　　　　　　　　D．房产分丘图

【答案】A

【解析】楼盘摆位图也称楼盘平面展示图，是对房地产项目周边及内部重要建筑物、设施设备的位置进行简明表示的房地产项目平面展示图。

【出处】《房地产经纪综合能力》（第四版）P77～78

核心知识点 11：房屋建筑面积的测算

（1）计算建筑面积的一般规定：
① 计算建筑面积的房屋，应是永久性结构的房屋；
② 计算建筑面积的房屋，层高应在 2.20m（含 2.20m）以上；
③ 同一房屋如果结构、层数不相同时，应分别计算建筑面积。
（2）计算全部建筑面积的范围：
① 单层房屋，按一层计算建筑面积；二层以上（含二层，下同）的房屋，按各层建筑面积的总和计算建筑面积。
② 房屋内的夹层、插层、技术层及其楼梯间、电梯间等其高度在 2.20m 以上部位计算建筑面积。
③ 穿过房屋的通道，房屋内的门厅、大厅均按一层计算面积，门厅、大厅内的回廊部分，层高在 2.20m 以上的，按其水平投影面积计算。
④ 楼梯间、电梯（观光梯）井、提物井、垃圾道、管道井等均按房屋自然层计算面积。
⑤ 房屋天面上，属永久性建筑，层高在 2.20m 以上的楼梯间、水箱间、电梯机房及斜面结构屋顶高度在 2.20m 以上的部位，按其外围水平投影面积计算。
⑥ 挑楼、全封闭的阳台，按其外围水平投影面积计算。属永久性结构有上盖的室外楼梯，按各层水平投影面积计算。与房屋相连的有柱走廊，两房间有上盖和柱的走廊，均按其柱的外围水平投影计算。房屋间永久性的封闭的架空通廊，按外围水平投影面积计算。
⑦ 地下室、半地下室及其相应出入口，层高在 2.20m 以上的，按其外墙（不包括采光井、防潮层及保护墙）外围水平投影面积计算。
⑧ 有柱（不含独立柱、单排柱）或有围护结构的门廊、门斗，按其柱或围护结构的外围水平投影面积计算。
⑨ 玻璃幕墙等作为房屋外墙的，按其外围水平投影面积计算。
⑩ 属永久性建筑有柱的车棚、货棚等，按柱的外围水平投影面积计算。
⑪ 依坡地建筑的房屋，利用吊脚做架空层，有围护结构的，按其高度在 2.20m 以上部位的外围水平投影面积计算。
⑫ 有伸缩缝的房屋，如果其与室内相通的，伸缩缝计算建筑面积。
（3）计算一半建筑面积的范围：
① 与房屋相连有上盖无柱的走廊、檐廊，按其围护结构外围水平投影面积的一半计算；
② 独立柱、单排柱的门廊、车棚、货棚等永久性建筑的，按其上盖水平投影面积的一半计算；
③ 未封闭的阳台、挑廊，按其围护结构外围水平投影面积的一半计算；
④ 无顶盖的室外楼梯按各层水平投影面积的一半计算；
⑤ 有顶盖不封闭的永久性的架空通廊，按外围水平投影面积的一半计算。
（4）不计算建筑面积的范围：
① 层高在 2.20m 以下（不含 2.20m，下同）的夹层、插层、奇数层和层高在 2.20m 以

下的地下室和半地下室；

② 突出房屋墙面的构件、配件、装饰柱、装饰性的玻璃幕墙、垛、勒脚、台阶、无柱雨篷等；

③ 房屋之间无上盖的架空通廊；

④ 房屋的天面、挑台、天面上的花园、泳池；

⑤ 建筑物内的操作平台、上料平台及利用建筑物的空间安置箱、罐的平台；

⑥ 骑楼、过街楼的底层用作道路街巷通行的部分；

⑦ 利用引桥、高架路、高架桥、路面作为顶盖建造的房屋；

⑧ 活动房屋、临时房屋、简易房屋；

⑨ 独立烟囱、亭、塔、罐、池、地下人防干、支线；

⑩ 与房屋室内不相通的房间的伸缩缝。

1.（单选题）下列建筑部位计算一半建筑面积的是（　　）。

A. 独立烟囱　　　　　　　　B. 未封闭的阳台
C. 房屋的天面、挑台　　　　D. 突出房屋墙面的构件、配件、装饰柱

【答案】B

【解析】未封闭的阳台、挑廊，按其围护结构外围水平投影面积的一半计算。

【出处】《房地产经纪综合能力》（第四版）P82

核心知识点 12：房屋面积的种类和得房率

房屋面积主要有建筑面积、使用面积，成套房屋还有套内建筑面积、共有建筑面积、分摊的共有建筑面积，住宅还有居住面积，此外还有预测面积、实测面积、合同约定面积、产权登记面积。

建筑面积＝套内建筑面积＋分摊的共有建筑面积

套内建筑面积＝套内房屋使用面积＋套内墙体面积＋套内阳台建筑面积

套内使用面积与建筑面积的比值，俗称得房率（也称 K 值），影响得房率的因素是：① 建筑形式；② 建筑结构；③ 地区温差；④ 墙体材料；⑤ 房间数量与套内建筑面积的关系。

得房率（K）＝套内使用面积／建筑面积

1.（单选题）房屋户内全部可供使用的空间面积，按房屋内墙面水平投影计算的面积是（　　）。

A. 产权登记面积　　　　　　B. 建筑面积
C. 套内建筑面积　　　　　　D. 套内使用面积

【答案】D

【解析】套内使用面积是指房屋户内全部可供使用的空间面积，按房屋的内墙面水平投影计算。

【出处】《房地产经纪综合能力》（第四版）P80

核心知识点 13：给水排水系统及设备

常用的供水方式：

（1）直接给水方式：适用于室外配水管网的水压、水量能终日满足室内供水的情况。这种供水方式简单、经济且安全。

（2）设置水泵、水箱的供水方式：适用于室外给水管网中压力低于或周期性低于建筑内部给水管网所需水压，而且建筑内部用水量又很不均匀时，宜采用设置水泵和水箱的联合给水方式。

（3）分区、分压供水方式：适用于在多层和高层建筑中，室外配水管网的水压仅能供下面楼层用水，不能供上面楼层用水的情况。

（4）设水箱、变频调速装置、水泵联合工作的给水方式：这种给水方式在居民小区和公共建筑中应用广泛。

1. （单选题）用于在多层和高层建筑中，室外配水管网的水压仅能供下面楼层用水，不能供上面楼层用水的供水方式是（　　）。

　　A. 直接供水方式
　　B. 设水箱、变频调速装置、水泵联合工作的给水方式
　　C. 设置水泵、水箱的供水方式
　　D. 分区、分压供水方式

【答案】D

【解析】分区、分压供水方式适用于在多层和高层建筑中，室外配水管网的水压仅能供下面楼层用水，不能供上面楼层用水的情况。

【出处】《房地产经纪综合能力》（第四版）P87

【真题实测】

一、单选题（每题的备选答案中只有 1 个最符合题意）

1. 砖木结构的住宅一般在（　　）层以下。
　　A. 3　　　　　　　　　　　　B. 10
　　C. 15　　　　　　　　　　　 D. 20

2. 下列窗户中，密封性相对较差的是（　　）。
　　A. 外平开窗　　　　　　　　 B. 平开上悬窗
　　C. 内平开窗　　　　　　　　 D. 推拉窗

3. 标准房屋四至归属、边长、权属面积的图是（　　）。
　　A. 房产分户图　　　　　　　 B. 房产分丘图
　　C. 房产分幅图　　　　　　　 D. 宗地图

4. 下列房屋得房率中，在建筑面积相等的情况下，套内使用面积最大的是（　　）的房屋。
　　A. 得房率为 85%　　　　　　 B. 得房率为 80%

C. 得房率为 75%　　　　　　　　D. 得房率为 70%

二、多选题（每题的备选答案中有 2 个或 2 个以上符合题意）

5. "五通一平"通常是指具有了道路、供水和（　　）。
   A. 电力　　　　　　　　　　　B. 热力
   C. 燃气　　　　　　　　　　　D. 排水
   E. 通信

6. 业主询问有关装修问题时，经纪人应当提醒业主不能拆改房屋的（　　）。
   A. 剪力墙　　　　　　　　　　B. 柱
   C. 门　　　　　　　　　　　　D. 梁
   E. 窗

7. 下列建筑部位中，按照相应投影面积一半计算建筑面积的有（　　）。
   A. 未封闭的阳台　　　　　　　B. 未封闭的挑廊
   C. 无顶盖的室外楼梯　　　　　D. 有顶盖不封闭的永久性架空通廊
   E. 房屋之间无上盖的架空通廊

【真题实测答案解析】

1.【答案】A
【解析】砖木结构建筑通常在 3 层以下，这类房屋的抗震性能较差，使用寿命较短。
【出处】《房地产经纪综合能力》（第四版）P62

2.【答案】D
【解析】推拉窗的缺点是：一是最大开启度只能达到整个窗户面积的 1/2；二是风雨天窗户关闭，无法换气；三是清洁朝外的玻璃面，特别是位于高层的，较困难；四是密封性差，湿气、灰尘容易进入。
【出处】《房地产经纪综合能力》（第四版）P68

3.【答案】A
【解析】房产分户图以产权登记户为单位绘制，是不动产权证的附图。房产分户图的比例尺一般为 1∶200；表示的主要内容有房屋权界线、四面墙体的归属和楼梯、走道等部位以及门牌号、所在层次、户号、室号、建筑面积和房屋边长等。房产分户图图框内标注有房屋权属面积，它包括套内建筑面积和共有分摊面积。
【出处】《房地产经纪综合能力》（第四版）P75

4.【答案】A
【解析】套内使用面积与建筑面积的比值，俗称得房率（以下简称 K 值），K 值越大，得房率越高。也就是说，建筑面积一样的房屋，得房率越高，套内可使用面积越大。
【出处】《房地产经纪综合能力》（第四版）P86

5.【答案】ADE
【解析】"五通一平"一般是指具有了道路、供水、排水、电力、通信等基础设施条件以及场地平整。
【出处】《房地产经纪综合能力》（第四版）P58

6.【答案】ABD

【解析】通过实地或查看有关图纸、识别梁、柱和承重墙、非承重墙。承重墙一般用较粗的线标注,非承重墙用较细的线标注。应提醒客户房屋的梁、柱和剪力墙等承重墙,不能拆改。

【出处】《房地产经纪综合能力》(第四版)P68

7.【答案】ABCD

【解析】计算一半建筑面积的范围:① 与房屋相连有上盖无柱的走廊、廊檐,按其围护结构外围水平投影面积的一半计算;② 独立柱、单排柱的门廊、车棚、货棚等永久性建筑的,按其上盖水平投影面积的一半计算;③ 未封闭的阳台、挑廊,按其围护结构外围水平投影面积的一半计算;④ 无顶盖的室外楼梯按各层水平投影面积的一半计算;⑤ 有顶盖不封闭的永久性的架空通廊,按外围水平投影面积的一半计算。

【出处】《房地产经纪综合能力》(第四版)P82

【章节小测】

一、单选题(每题的备选答案中只有 1 个最符合题意)

1. 楼梯的主要使用和承重部分是( )。
   A. 休息平台 B. 栏杆
   C. 楼梯段   D. 扶手

2. 在建筑图纸中,承重墙一般用( )标注。
   A. 较长的线 B. 较短的线
   C. 较粗的线 D. 较细的线

3. 某住宅建筑面积为 $110m^2$,分摊的共有建筑面积为 $20m^2$,套内房屋使用面积为 $83m^2$,该住宅的套内建筑面积为( )m^2。
   A. 63   B. 83
   C. 90   D. 103

4. 下列得房率中,在建筑面积相同的情况下,房屋套内使用面积最小的是( )的房屋。
   A. 得房率 90% B. 得房率 80%
   C. 得房率 70% D. 得房率 60%

5. 下列住宅中,应设置 2 部以上(含 2 部)电梯的是( )。
   A. 3 层住宅及以上   B. 7 层住宅及以上
   C. 9 层住宅及以上   D. 12 层住宅及以上

二、多选题(每题的备选答案中有 2 个或 2 个以上符合题意)

6. 墙体按照构造方式分为( )。
   A. 实体墙   B. 砌砖墙
   C. 混凝土墙 D. 空心墙
   E. 复合墙

7. 从建筑总平面图中可以看到的内容有( )。
   A. 新建建筑物的朝向   B. 扩建建筑物的预留地
   C. 场地内的道路布置与绿化安排 D. 建筑物的外观特征

E. 建筑物各主要部分的标高及高度关系
8. 土地面积测算的方法主要有（　　）。
   A. 分解法	B. 采集法
   C. 对比法	D. 图解法
   E. 解析法
9. 根据《房产测量规范》GB/T 17986—2000，计算一半建筑面积的有（　　）。
   A. 挑廊、全封闭的阳台
   B. 无顶盖的室外楼梯
   C. 有顶盖的不封闭的永久性的架空通廊
   D. 未封闭的阳台、挑廊
   E. 属永久性建筑有柱的车棚、货棚等

【章节小测答案解析】

1.【答案】C
【解析】楼梯一般由楼梯段、休息平台和栏杆、扶手组成。楼梯段是由若干个踏步组成的供层间上下行走的倾斜构件，是楼梯的主要使用和承重部分。
【出处】《房地产经纪综合能力》（第四版）P67

2.【答案】C
【解析】承重墙一般用较粗的线标注，非承重墙用较细的线标注。
【出处】《房地产经纪综合能力》（第四版）P68

3.【答案】C
【解析】计算公式：建筑面积＝套内建筑面积＋分摊的共有建筑面积。在本题中，建筑面积为110m²，分摊的共有建筑面积是20m²，用110m²－20m²＝90m²。题干中套内使用面积83m²为干扰项。
【出处】《房地产经纪综合能力》（第四版）P84

4.【答案】D
【解析】套内使用面积与建筑面积的比值，俗称得房率（以下简称K值），K值越大，得房率越高。也就是说，建筑面积一样的房屋，得房率越高，套内可使用面积越大。
【出处】《房地产经纪综合能力》（第四版）P86

5.【答案】D
【解析】12层以上（含12层）的住宅，设置电梯应不少于两台。
【出处】《房地产经纪综合能力》（第四版）P92

6.【答案】ADE
【解析】按照构造方式，墙体分为实体墙、空心墙和复合墙。
【出处】《房地产经纪综合能力》（第四版）P66

7.【答案】ABC
【解析】从建筑总平面图中可以看出下列内容：① 该建筑场地的位置、数量、大小及形状；② 新建建筑物在场地内的位置及邻近建筑物的相对位置关系；③ 场地内的道路布置与绿化安排；④ 新建建筑物的朝向；⑤ 新建建筑物首层室内地面与室外地坪及道路的绝对标高；⑥扩建建筑物的预留地。

【出处】《房地产经纪综合能力》（第四版）P70

8.【答案】DE

【解析】土地面积测算的方法可分为图解法和解析法两大类。

【出处】《房地产经纪综合能力》（第四版）P80

9.【答案】BCDE

【解析】计算一半建筑面积的范围：① 与房屋相连有上盖无柱的走廊、檐廊，按其围护结构外围水平投影面积的一半计算；② 独立柱、单排柱的门廊、车棚、货棚等属永久性建筑的，按其上盖水平投影面积的一半计算；③ 未封闭的阳台、挑廊，按其围护结构外围水平投影面积的一半计算；④ 无顶盖的室外楼梯按各层水平投影面积的一半计算；⑤ 有顶盖不封闭的永久性的架空通廊，按外围水平投影面积的一半计算。

【出处】《房地产经纪综合能力》（第四版）P82

第三章 房地产交易法律基础

【章节导引】

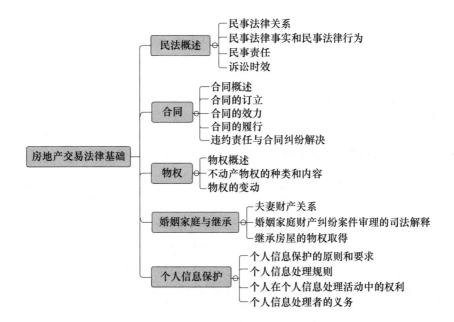

【核心知识点】

核心知识点 1：自然人的民事行为能力

《民法典》总则编在民法通则的基础上，增加了保护胎儿利益的规定。涉及遗产继承、接受赠与等胎儿利益保护的，胎儿被视为具有民事权利能力。《民法典》总则编根据自然人年龄和辨识能力的不同，将自然人的民事行为能力分为完全民事行为能力、限制民事行为能力和无民事行为能力。

（1）完全民事行为能力人：18 周岁以上的自然人为成年人，具有完全民事行为能力。16 周岁以上的未成年人，以自己的劳动收入为主要生活来源的，视为完全民事行为能力人。完全民事行为能力人可以独立实施民事法律行为。

（2）限制民事行为能力人：8 周岁以上的未成年人和不能完全辨认自己行为的成年人，为限制民事行为能力人。实施民事法律行为由其法定代理人代理或者经其法定代理人同意、追认，但是可以独立实施纯获利益的民事法律行为或者与其年龄、智力、精神健康状况相适应的民事法律行为。

（3）无民事行为能力人：不满 8 周岁的未成年人、8 周岁以上不能辨认自己行为的未成年人以及不能辨认自己行为的成年人，为无民事行为能力人，由其法定代理人代理实施民事法律行为。

1. （单选题）下列主体中属于完全民事行为能力人的是（　　）。
   A. 张某，21岁，患有轻微的精神分裂
   B. 李某，16岁，学生
   C. 陈某，17岁，饭店服务员
   D. 王某，15岁，聋哑人

【答案】C

【解析】18周岁以上的自然人为成年人，具有完全民事行为能力。16周岁以上的未成年人，以自己的劳动收入为主要生活来源的，视为完全民事行为能力人。完全民事行为能力人可以独立实施民事法律行为。

【出处】《房地产经纪综合能力》（第四版）P97~98

核心知识点 2：民事法律行为的分类

（1）根据民事法律行为的成立须有几个方面的意思表示：单方法律行为、双方法律行为和多方法律行为。
（2）根据民事法律行为与原因的关系：有因行为和无因行为。
（3）根据法律行为发生的效果是财产性还是身份性：财产行为与身份行为。
（4）根据法律行为相互间的附属关系：主法律行为和从法律行为。
（5）根据法律行为所产生的效果：负担行为与处分行为。

1. （单选题）委托代理关系中委托人的授权行为属于（　　）。
   A. 有因行为　　　　　　　　B. 无因行为
   C. 负担行为　　　　　　　　D. 处分行为

【答案】B

【解析】无因行为是指行为与原因可以分离，不以原因为要素的行为。无因行为并非没有原因，而是指原因无效并不影响行为的效力。

【出处】《房地产经纪综合能力》（第四版）P101

核心知识点 3：合同的种类

（1）根据法律是否规定了合同的名称和相应的适用范围：有名合同与无名合同。
（2）双务合同与单务合同：双务合同即缔约双方相互负担义务，双方的义务与权利相互关联、互为因果的合同；单务合同指仅由当事人一方负担义务，而另一方只享有权利的合同，如赠与合同。
（3）有偿合同与无偿合同：有偿合同为合同当事人一方因取得权利需向对方偿付一定代价的合同；无偿合同即当事人一方只取得权利而不偿付代价的合同。

（4）诺成合同与实践合同：当事人双方意思表示一致，合同即告成立的，为诺成合同，亦称不要物合同。除双方当事人意思表示一致外，尚须交付标的物或完成其他现实给付，合同始能成立，为实践合同，亦称要物合同。

（5）要式合同与不要式合同：凡合同成立须依特定形式始为有效的，为要式合同；反之，为不要式合同。

（6）主合同与从合同：凡不以其他合同的存在为前提而能独立成立的合同，称为主合同。凡必须以其他合同的存在为前提才能成立的合同，称为从合同。

1. （多选题）房地产经纪服务合同属于（　　）。
   A. 双务合同　　　　　　　　B. 单务合同
   C. 诺成合同　　　　　　　　D. 实践合同
   E. 有偿合同

【答案】ACE

【解析】房地产经纪服务合同为双务合同，经纪机构与委托人相互享有权利承担义务。房地产经纪服务合同为诺成合同，是合同当事人的意思表达一致即告成立的合同。双务合同都是有偿合同，单务合同原则上为无偿合同，但有的单务合同也可为有偿合同，如民间借贷合同。

【出处】《房地产经纪综合能力》（第四版）P104~105

核心知识点 4：合同的效力

（1）合同有效必须同时具备以下三个条件：① 合同主体合格；② 意思表示真实，当事人以虚假的意思表示签订的合同无效；③ 合同不违反法律、行政法规和公序良俗。

（2）合同中的下列免责条款无效：① 造成对方人身损害的；② 因故意或者重大过失造成对方财产损失的。

1. （单选题）下列合同签订后，会判定为无效合同的是（　　）。
   A. 张小康，58 岁，某公司老板，从银行借款签署的借款合同
   B. 某经纪公司，合法经营，与客户签署的房地产经纪服务合同
   C. 张李明，23 岁，精神失常，与赵琳签署的房屋租赁合同
   D. 王悦与李明协商一致后签署的采购合同

【答案】C

【解析】合同有效必须同时具备以下三个条件：① 合同主体合格；② 意思表示真实，当事人以虚假的意思表示签订的合同无效；③ 合同不违反法律、行政法规和公序良俗。如《民法典》规定，无民事行为能力人实施的民事法律行为无效。

【出处】《房地产经纪综合能力》（第四版）P107

核心知识点 5：合同的担保

（1）保证：保证是指为保障债权的实现，当债务人不履行到期债务或者发生当事人约定的情形时，保证人履行债务或者承担责任的行为。保证人与债权人订立的保证合同是《民法典》合同编规定的典型合同。保证合同可以是单独订立的书面合同，也可以是主债权债务合同中的保证条款。机关法人不得为保证人，以公益为目的的非营利法人、非法人组织不得为保证人。保证的方式包括一般保证和连带责任保证。

（2）抵押：抵押是指债务人或者第三人不转移特定财产的占有，将该财产作为债权的担保。债务人不履行债务时，抵押权人可以与抵押人协议以抵押财产折价或者以拍卖、变卖该抵押财产所得的价款优先受偿。

（3）质押：分为动产质押和权利质押。

（4）定金：定金是合同当事人一方为了保证合同的履行，在合同订立时预先给付对方当事人的一定数额的金钱。定金合同自实际交付定金时成立。定金的数额由当事人约定的，但不能超过主合同标的额的 20%；如超过主合同标的额的 20% 的，超过部分不产生定金的效力。

"订金"与"定金"仅一字之差，但意义完全不同。"订金"是订购、预订之意，属预付款性质，不具有担保功能。

（5）留置：留置是指债权人按照合同的约定占有债务人的动产，债务人不按照合同约定的期限履行债务的，债权人有权依法留置该财产，以该财产折价或者以拍卖、变卖该财产的价款优先受偿。留置权为法定担保物权，它不能由当事人自行约定，而只能依据法律规定的条件直接发生。

1．（单选题）关于"订金"的说法正确的是（　　）。
 A．具有排他性　　　　　　　　B．具有担保性
 C．相当于意向金　　　　　　　D．发生违约不可以退还

【答案】C

【解析】"订金"和"定金"仅一字之差，但意义完全不同。"订金"是订购、预定之意，是预付款性质，不具有担保功能。如果房屋买卖双方签订的是"订金"协议，如果买方不想买了，卖方应将订金无条件退还给买方。

【出处】《房地产经纪综合能力》（第四版）P111

核心知识点 6：不动产物权的种类

由于物权是支配权，具有排他效力、优先效力和追及效力，为了维护交易安全，故适用法定原则。一是种类法定，二是内容法定。不动产物权包括所有权、用益物权和担保物权。

（1）不动产所有权是不动产权利人对其所拥有的不动产依法享有的支配、占有、使用和收益的权利。房屋所有权有单独所有、共有和建筑物区分所有权等形态。

（2）不动产用益物权是不动产用益物权人对他人所有的不动产依法享有的占有、使

用和收益的权利。包括建设用地使用权、宅基地使用权、土地承包经营权、居住权和地役权。

（3）不动产担保物权一般是指抵押权。

1.（多选题）不动产物权主要包括（　　）。
　　A. 所有权　　　　　　　　B. 担保物权
　　C. 拆迁权　　　　　　　　D. 用益物权
　　E. 建设权

【答案】ABD
【解析】不动产物权包括所有权、用益物权、担保物权。
【出处】《房地产经纪综合能力》（第四版）P114~116

核心知识点 7：物权变动的原则及生效

（1）物权变动的原则：① 公示原则；② 公信原则。
（2）不动产物权的生效：
① 登记生效：登记是物权公示最主要的办法。不动产物权登记生效的情形主要有买卖、交换、赠与、分割房地产登记。
② 基于事实行为等情形生效：为及时明确物权的归属，《民法典》物权编规定了基于事实行为等情形，物权未经登记也生效：依据人民法院、仲裁委员会的法律文书或者人民政府征收决定设立、变更、转让或者消灭物权；继承或者受遗赠取得房地产；合法建造取得房屋所有权、拆除房屋注销所有权。
③ 基于合同生效：即合同生效时物权设立，《民法典》中确定的基于合同生效时物权设立的，包括土地承包经营权、地役权。
④ 法定生效：根据法律规定的物权生效。城市的土地属于国家所有，因此，属于国家所有的土地所有权就不需要通过登记的方式来公示所有权的归属。

1.（多选题）下列属于物权变动的原则的有（　　）。
　　A. 公示原则　　　　　　　B. 公平原则
　　C. 公信原则　　　　　　　D. 自愿原则
　　E. 平等原则

【答案】AC
【解析】物权变动的原则有公示原则和公信原则。
【出处】《房地产经纪综合能力》（第四版）P117

核心知识点 8：婚姻家庭中的房屋财产关系

夫妻房屋所有权的界定主要区分房屋是婚前所得，还是婚后所得；是夫妻共有财产，还是单独属于夫妻某一方的财产。

属于夫妻共有的房屋，如登记在一方所有的，可以依法通过登记增加另一方为共有人，使共有房屋的事实权利人与不动产登记簿记载的权利人一致，避免另一方擅自处分共有财产。从法律上来说，"加名"实质上是增加房屋的共有人。对于婚姻存续期间，实际为夫妻共有的房屋而仅登记在一方名下的婚后财产，双方可持身份证、结婚证、房屋权属证书去不动产登记机构申请办理更正登记；若是夫妻一方在婚前购买的房产，并已办理房屋登记的，在婚姻存续期间，添加夫妻另一方为房屋共有人的，夫妻双方可持身份证、结婚证、房屋权属证书向不动产登记机构申请转移登记。

1.（单选题）王某婚后与妻子张某购买一套房屋，登记在王某名下，现想增加妻子张某为房屋共有人，双方需要到不动产登记机构办理（   ）。

  A. 转移登记　　　　　　　　　B. 变更登记
  C. 更正登记　　　　　　　　　D. 异议登记

【答案】C

【解析】对于婚姻关系存续期间，实际夫妻共有的房屋而仅登记在一方名下的婚后财产，双方可持身份证、结婚证、房屋权属证书去不动产登记机构申请办理更正登记。

【出处】《房地产经纪综合能力》（第四版）P121

核心知识点 9：法定继承顺序

《民法典》继承编第一千一百二十七条规定："遗产按照下列顺序继承：（一）第一顺序：配偶、子女、父母。（二）第二顺序：兄弟姐妹、祖父母、外祖父母。继承开始后，由第一顺序继承人继承，第二顺序继承人不继承；没有第一顺序继承人继承的，由第二顺序继承人继承。本编所称子女，包括婚生子女、非婚生子女、养子女和有扶养关系的继子女。本编所称父母，包括生父母、养父母和有扶养关系的继父母。本编所称兄弟姐妹，包括同父母的兄弟姐妹、同父异母或同母异父的兄弟姐妹、养兄弟姐妹、有扶养关系的继兄弟姐妹。"

第一千一百二十九条规定："丧偶儿媳对公、婆，丧偶女婿对岳父母，尽了主要赡养义务的，作为第一顺序继承人。"

1.（单选题）张某父亲于 2016 年 5 月 3 日死亡，5 月 15 日登记机构受理张某的房屋登记申请，5 月 25 日将申请登记事项记载于登记簿，5 月 30 日取得房屋的不动产权证书，张某获得该房屋所有权的时间是（   ）。

  A. 5 月 3 日　　　　　　　　　B. 5 月 15 日
  C. 5 月 25 日　　　　　　　　　D. 5 月 30 日

【答案】A

【解析】《民法典》继承编规定，继承从被继承人死亡时开始。

【出处】《房地产经纪综合能力》（第四版）P125

【真题实测】

一、单选题（每题的备选答案中只有 1 个最符合题意）

1. 按照合同的分类标准，房地产经纪服务合同属于（　　）。
   A. 实践　　　　　　　　　　B. 诺成
   C. 单务　　　　　　　　　　D. 无偿

2. 周某通过商业银行贷款购买了一套商品房，如周某未按照合同约定履行义务，银行可就房屋变卖的价款优先受偿，据此判断周某采取的担保方式是（　　）。
   A. 保证　　　　　　　　　　B. 留置
   C. 质押　　　　　　　　　　D. 抵押

二、多选题（每题的备选答案中有 2 个或 2 个以上符合题意）

3. 民事主体从事民事活动一般应当遵循（　　）原则。
   A. 诚信　　　　　　　　　　B. 公开
   C. 平等　　　　　　　　　　D. 公平
   E. 自愿

【真题实测答案解析】

1. 【答案】B

【解析】房地产经纪服务合同是诺成合同，是合同当事人的意思表达一直即告成立的合同。

【出处】《房地产经纪综合能力》（第四版）P105

2. 【答案】D

【解析】抵押是指债务人或者第三人以不转移特定财产的占有，将该财产作为债权的担保。债务人不履行债务时，债权人有权以该财产折价或者拍卖、变卖该财产的价款优先受偿。

【出处】《房地产经纪综合能力》（第四版）P110

3. 【答案】ACDE

【解析】《民法典》规定民事活动必须遵循的基本原则和一般性规则、民事权利及其他合法权益受法律保护，确立了平等、自愿、公平、诚信、守法、公序良俗和绿色原则等基本原则。

【出处】《房地产经纪综合能力》（第四版）P96

【章节小测】

一、单选题（每题的备选答案中只有 1 个最符合题意）

1. 订立合同一般要经过要约和（　　）两个阶段。
   A. 承认　　　　　　　　　　B. 承诺
   C. 生效　　　　　　　　　　D. 合法

2. 下列选项关于有效合同的说法错误的是（　　）。
   A. 合同主体需合格　　　　　B. 需双方当事人意思表示真实

C. 当事人可以不受民事行为能力限制　　D. 可以被撤销或终止

3. 王某购买了一套住宅，其取得该住宅所有权的时间是（　　）之时。
   A. 签订房屋买卖合同　　　　　　　B. 该住宅完工
   C. 领取不动产权证书　　　　　　　D. 权利记载于不动产登记簿

二、多选题（每题的备选答案中有2个或2个以上符合题意）

4. 下列选项中属于双务合同的是（　　）。
   A. 买卖合同　　　　　　　　　　　B. 借款合同
   C. 赠与合同　　　　　　　　　　　D. 委托合同
   E. 有偿保管合同

5. 下列措施中，具有担保作用的有（　　）。
   A. 保证　　　　　　　　　　　　　B. 订金
   C. 定金　　　　　　　　　　　　　D. 质押
   E. 留置

【章节小测答案解析】

1.【答案】B
【解析】订立合同一般要经过要约和承诺两个阶段。
【出处】《房地产经纪综合能力》（第四版）P106

2.【答案】C
【解析】合同有效必须同时具备以下三个条件：① 合同主体合格；② 意思表示真实，当事人以虚假的意思表示签订的合同无效；③ 合同不违反法律、行政法规和公序良俗。合同不生效、无效、撤销或者被终止的，不影响合同中有关解决争议方法的条款的效力。
【出处】《房地产经纪综合能力》（第四版）P107

3.【答案】D
【解析】登记是物权公示最主要的方法。除另有规定外，因当事人之间的法律行为导致不动产物权的设立、变更、转让和消灭，均应当依法申请登记，自记载于不动产登记簿时发生效力；未经登记，不发生效力。
【出处】《房地产经纪综合能力》（第四版）P119

4.【答案】ADE
【解析】双务合同即缔约双方相互负担义务，双方的义务与权力相互关联、互为因果的合同，如买卖合同、承揽合同、委托合同、保管合同。单务合同是指仅由当事人一方负担义务，而他方只享有权利的合同。如赠与、自然人借款等合同为典型的单务合同。
【出处】《房地产经纪综合能力》（第四版）P104

5.【答案】ACDE
【解析】合同的担保行为有保证、抵押、质押、定金、留置。订金属预付款性质，不具有担保功能。
【出处】《房地产经纪综合能力》（第四版）P110~111

第四章 房屋租赁

【章节导引】

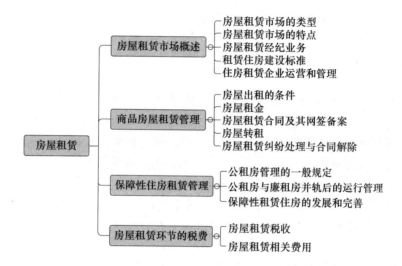

【核心知识点】

核心知识点 1：房屋租赁市场的类型

（1）按房屋用途划分：住宅租赁市场、非住宅租赁市场。

（2）按租赁目的划分：自用租赁市场、转租租赁市场。

（3）按租赁长短划分：短租租赁市场、长租租赁市场。

（4）根据租赁房屋提供者划分：个人房屋租赁、机构房屋租赁。

1．（单选题）房屋租赁市场按房屋用途可分为（   ）。

　　A．住宅租赁市场和非住宅租赁市场

　　B．自用租赁市场和转租租赁市场

　　C．短租租赁市场和长租租赁市场

　　D．直接出租和变相出租

【答案】A

【解析】房屋租赁市场的类型按房屋用途划分可分为住宅租赁市场、非住宅租赁市场。

【出处】《房地产经纪综合能力》（第四版）P132

核心知识点 2：房屋租赁市场的特点

（1）租赁价格相对稳定：房地产市场中，房屋买卖价格起伏有时相对较大，而房屋租金相对比较稳定。房屋租赁市场对于房屋买卖市场而言，起到了一个"蓄水池"的作用，部分闲置的房屋能够通过房屋租赁市场而获得充分利用。

（2）季节性变化明显：承租房屋用于自住，通常具有短期性的特点。

（3）交易更为频繁：随着社会发展，人口流动更加频繁、迁移更加便捷，由于工作地点变化、子女入学、照顾父母等原因，相当一部分人通过租赁房屋解决居住问题。此外，随着收入的增加，通过调换租赁住房，来不断改善自己的居住状况。

（4）属地区性市场：房屋租赁市场规模、价格水平、供求状况、价格走势等因房屋所处不同地区而存在较大差异，是地区性市场。

1.（单选题）人口流动量大的城市，租赁市场相对活跃，体现了房屋租赁市场的（　　）。
　　A. 租赁价格相对稳定　　　　B. 季节性变化明显
　　C. 交易更为频繁　　　　　　D. 属地区性市场

【答案】D

【解析】房屋租赁市场规模、价格水平、供求状况、价格走势等因房屋所处不同地区而存在较大差异，是地区性市场。例如人口流动量大的城市，特别是人口净流入城市，房屋租赁市场就相对活跃。

【出处】《房地产经纪综合能力》（第四版）P134

核心知识点 3：房屋出租的条件

原则上除法律法规明确不得出租的房屋外，自然人、法人或非法人组织对享有所有权的房屋和国家授权管理、经营的房屋均可以依法出租。根据《商品房屋租赁管理办法》规定，下列房屋不得出租：

（1）属于违法建筑的房屋，包括：① 占用已规划公共场所、公共设施用地或公共绿化用地的建筑；② 不按批准的设计图纸施工的建筑；③ 擅自改建、扩建的建筑；④ 农村经济组织的非农建设用地或村民自用宅基地非法转让兴建的建筑；⑤ 农村经济组织的非农业用地或村民自用宅基地违反城乡规划的或超过规定标准的建筑；⑥ 擅自改变工业厂房、住宅和其他建筑物使用功能的建筑；⑦ 逾期未拆除的临时建筑；⑧ 违反法律法规有关规定的其他建筑。

（2）不符合安全、防灾等工程建设强制性标准的房屋。

（3）违反规定改变房屋使用性质的。

（4）法律、法规规定禁止出租的其他情形。

1.（多选题）根据《商品房屋租赁管理办法》，下列房屋中，不得出租的有（　　）。
　　A. 属于违法建筑的房屋　　　　B. 不符合安全标准的房屋

C. 违反规定改变使用性质的房屋 D. 权属明确的房屋
E. 已被抵押的房屋

【答案】ABC

【解析】根据《商品房屋租赁管理办法》规定，下列房屋不得出租：① 属于违法建筑的房屋；② 不符合安全、防灾等工程建设强制性标准的房屋；③ 违反规定改变房屋使用性质的；④ 法律、法规规定禁止出租的其他情形。

【出处】《房地产经纪综合能力》（第四版）P137~138

核心知识点 4：房屋租赁合同的特征及主要内容

房屋租赁合同属于财产租赁合同的一种重要形式，与一般财产租赁合同相比具有如下特征：

（1）房屋租赁合同以房屋为标的物，移转的是房屋的使用权。承租人仅能依合同约定对租赁房屋进行使用收益，而不得处分，因此在承租人破产时，租赁房屋不得列入破产财产。

（2）房屋租赁合同属于债权关系，不同于具有永久性的物权，房屋租赁期限不宜过长，法律规定不得超过二十年。

（3）合同的相对性会受到法律的一定限制。具体表现为：①"买卖不破租赁"原则对房屋受让人的限制。在租赁期限内，租赁房屋的所有权发生变动的，原租赁合同对承租人和房屋受让人继续有效。② 承租人的优先购买权。出租人出卖租赁房屋的，承租人享有以同等条件优先购买的权利。

房屋租赁合同的主要内容有：

（1）房屋租赁当事人的姓名（名称）和身份证件类型和号码；
（2）标的物，包括房屋的坐落、房屋的面积、房屋结构和附属设施（附属设施有电、网络、安防设备、照明设备、消防设备、监控设备等）、家具和家电等室内设施状况；
（3）租金和押金数额、支付方式；
（4）租赁用途和房屋使用要求；
（5）房屋和室内设施的安全性能；
（6）租赁期限；
（7）房屋维修责任；
（8）物业服务、水、电、燃气等相关费用的缴纳；
（9）违约责任；
（10）争议解决办法。

1. （单选题）《民法典》合同编规定，租赁期限最长不得超过（　　）。
   A. 20 年 B. 25 年
   C. 30 年 D. 40 年

【答案】A

【解析】租赁期限最长不得超过20年。

【出处】《房地产经纪综合能力》（第四版）P142

核心知识点 5：房屋转租条件

房屋转租一般是指商品房屋转租。商品房屋转租，是指房屋承租人将承租的商品房屋再出租的行为。转租要求：

（1）转租的房屋必须合法，禁止出租房屋的情形也适用于转租的房屋。

（2）房屋转租也须签订转租协议，并办理登记备案手续。

（3）转租房屋须经出租人书面同意，承租人未经出租人书面同意转租的，出租人可以解除房屋租赁合同，收回房屋并要求承租人赔偿损失。出租人知道或者应当知道承租人转租，但是在六个月内未提出异议的，视为出租人同意转租。

（4）对于转租的约定，可以作为租赁合同的一部分，也可以在租赁合同订立之后另行约定。转租条款一般应当注明：① 转租期限；② 转租用途；③ 转租房屋损坏时的赔偿与责任承担；④ 转租收益的分成；⑤ 转租期满后，原房屋租赁关系的处理原则；⑥ 违约责任。

1.（单选题）王某承租李某的住房，合同约定租期为 3 年。王某租满两年后，欲将房屋转租给张某。下列行为中，正确的是（　　）。

　　A. 王某可擅自转租
　　B. 王某转租意愿告知李某后，李某六个月内未提出异议，王某可正常转租
　　C. 王某直接转租，未办理备案手续
　　D. 王某与张某可不签署转租协议

【答案】B

【解析】转租要求：① 转租的房屋必须合法，禁止出租房屋的情形也适用于转租的房屋。② 房屋转租也须签订转租协议，并办理登记备案手续。③ 转租房屋须经出租人书面同意，承租人未经出租人书面同意转租的，出租人可以解除房屋租赁合同，收回房屋并要求承租人赔偿损失。出租人知道或者应当知道承租人转租，但是在六个月内未提出异议的，视为出租人同意转租。

【出处】《房地产经纪综合能力》（第四版）P147

核心知识点 6：签订房屋租赁合同的注意事项

（1）房屋租赁合同的主体合格；
（2）房屋租赁合同应为书面合同；
（3）房屋租赁合同标的物依法能够出租；
（4）不得违反规定分割出租。

1.（单选题）下列关于签订房屋租赁合同的注意事项的说法，错误的是（　　）。

　　A. 房屋租赁合同的主体合格　　B. 房屋租赁合同可以为口头形式
　　C. 房屋租赁合同标的物依法能够出租　D. 不得违反规定分割出租

【答案】B

【解析】根据《城市房地产管理法》第五十四条规定："房屋租赁，出租人和承租人应当签订书面租赁合同。"

【出处】《房地产经纪综合能力》（第四版）P144～145

核心知识点7：房屋租赁纠纷处理

（1）房屋租赁合同效力的认定：出租人就未取得建设工程规划许可证或者未按照建设工程规划许可证的规定建设的房屋，与承租人订立的租赁合同无效。出租人就同一房屋订立数份租赁合同，在合同均有效的情况下，承租人均主张履行合同的，人民法院按照下列顺序确定履行合同的承租人：① 已经合法占有租赁房屋的；② 已经办理登记备案手续的；③ 合同成立在先的。不能取得租赁房屋的承租人请求解除合同、赔偿损失的，依照《民法典》的有关规定处理。

（2）房屋租赁关系的维护：租赁房屋在承租人按照租赁合同占有期限内发生所有权变动的，不影响租赁合同的效力。租赁房屋在承租人按照租赁合同占有期限内发生所有权变动，承租人请求房屋受让人继续履行原租赁合同的，人民法院应予支持。但租赁房屋具有下列情形或者当事人另有约定的除外：① 房屋在出租前已设立抵押权，因抵押权人实现抵押权发生所有权变动的；② 房屋在出租前已被人民法院依法查封的。

承租人在房屋租赁期限内死亡的，与其生前共同居住的人或者共同经营人可以按照原租赁合同租赁该房屋。

（3）租赁房屋装饰装修纠纷处理：承租人经出租人同意装饰装修，合同解除时，双方对已形成附合的装饰装修物的处理没有约定的，人民法院按照下列情形分别处理：① 因出租人违约导致合同解除，承租人请求出租人赔偿剩余租赁期内装饰装修残值损失的，应予支持。② 因承租人违约导致合同解除，承租人请求出租人赔偿剩余租赁期内装饰装修残值损失的，不予支持。但出租人同意利用的，应在利用价值范围内予以适当补偿。③ 因双方违约导致合同解除，剩余租赁期内的装饰装修残值损失，由双方根据各自的过错承担相应的责任。④ 因不可归责于双方的事由导致合同解除的，剩余租赁期内的装饰装修残值损失，由双方按照公平原则分担。法律另有规定的，适用其规定。承租人经出租人同意装饰装修，租赁期间届满时，承租人请求出租人补偿附合装饰装修费用的，不予支持。但当事人另有约定的除外。

（4）承租人优先购买和承租的权利：出租人出卖租赁房屋的，应当在出卖之前的合理期限内通知承租人，承租人享有以同等条件优先购买的权利；但是，房屋按份共有人行使优先购买权或者出租人将房屋出卖给近亲属的除外。出租人履行通知义务后，承租人在十五日内未明确表示购买的，视为承租人放弃优先购买权。出租人委托拍卖人拍卖租赁房屋的，应当在拍卖五日前通知承租人。承租人未参加拍卖的，视为放弃优先购买权。

租赁期限届满，承租人继续使用租赁物，出租人没有提出异议的，原租赁合同继续有效，但是租赁期限为不定期。租赁期限届满，房屋承租人享有以同等条件优先承租的权利。

1．（多选题）人民法院处理纠纷时应予支持的情形有（　　）。

A．出租人违约，承租人请求赔偿装修损失

B. 承租人违约，承租人请求赔偿装修损失
C. 租赁房屋权属有争议，导致房屋无法使用，承租人请求解除合同
D. 第三人善意购买租赁房屋并且手续办理完毕，承租人主张优先购买房屋
E. 房屋发生所有权变动，承租人请求继续履行原合同

【答案】ACE

【解析】因出租人违约导致合同解除，承租人请求出租人赔偿剩余租赁期内装饰装修残值损失的，应予支持；因承租人违约导致合同解除，承租人请求出租人赔偿剩余租赁期内装饰装修残值损失的，不予支持；租赁房屋权属有争议的，承租人请求解除合同，人民法院应予支持；第三人善意购买租赁房屋并已经办理房屋所有权转移登记手续的，承租人主张优先购买房屋，人民法院不予支持；租赁房屋在租赁期限发生所有权变动，承租人请求房屋受让人继续履行原租赁合同的，人民法院应予支持。

【出处】《房地产经纪综合能力》（第四版）P149~150

核心知识点 8：影响房屋租金的主要因素和租金的确定

影响房屋租金的主要因素有：

（1）房地产市场因素：①房屋租赁市场供求关系；②房价因素。

（2）房屋基本状况：①区位状况：出租房屋的区位状况包括房屋的位置、交通、外部配套设施、周围环境等，单套住宅的区位状况还应包括所处楼幢、楼层和朝向。②实物状况：出租房屋的新旧程度以及面积、体积、开间等规模因素，对房屋租金都会有影响。同等级条件下，房屋越新、租金越高。③权益状况：出租房屋的所有权是单独所有还是共有，共有是共同共有还是按份共有，是否设有抵押权、地役权等，产权有无纠纷等都会影响房屋租金。

（3）房屋出租的具体情况：房屋租金，可能因租金包含具体内容不同而不同。此外，房屋租金的支付方式也会影响房屋租金。通常一次性支付房租要低一些，且支付的周期越长，可能越低。

房屋租金的确定：房屋租金是受多方面影响因素共同作用的结果，不同因素对租金变动时间、方向、程度影响不同，同一因素会因不同类型的房屋引起租金不同方向的变动；同一因素在不同地区对租金影响不同；各种因素对租金影响方向和程度不是一成不变的。

1. （单选题）房屋的区位因素不包括（　　）。
   A. 位置　　　　　　　　　B. 交通
   C. 配套　　　　　　　　　D. 面积

【答案】D

【解析】出租房屋的区位状况包括房屋的位置、交通、外部配套设施、周围环境等。面积属于实物状况。

【出处】《房地产经纪综合能力》（第四版）P139~140

【真题实测】

一、**单选题**（每题的备选答案中只有 1 个最符合题意）

1. 房屋转租须经（　　）书面同意。
   A. 出租人　　　　　　　　　B. 房地产主管部门
   C. 工商管理部门　　　　　　D. 业主委员会

2. 擅自将承租的住房转租的，出租人可以（　　）房屋租赁合同，收回房屋并要求赔偿损失。
   A. 中止　　　　　　　　　　B. 解除
   C. 变更　　　　　　　　　　D. 撤销

3.《商品房屋租赁管理办法》规定，房屋租赁合同订立后三十日内，房屋租赁当事人应到（　　）办理房屋租赁登记备案。
   A. 工商行政管理部门　　　　B. 街道办事处
   C. 税务管理部门　　　　　　D. 房地产主管部门

二、**多选题**（每题的备选答案中有 2 个或 2 个以上符合题意）

4. 房屋租赁市场的特点有（　　）。
   A. 政府定价　　　　　　　　B. 租赁价格相对稳定
   C. 无季节性变化　　　　　　D. 季节性变化明显
   E. 交易更为频繁

5. 房地产经纪机构为促成房屋租赁提供的服务有（　　）。
   A. 帮助搬家　　　　　　　　B. 房屋查验
   C. 协助议价　　　　　　　　D. 陪同看房
   E. 交易撮合

6. 房屋租赁合同的内容一般应包括（　　）。
   A. 租赁期限　　　　　　　　B. 房屋销售价格
   C. 租赁用途　　　　　　　　D. 租金及交付方式
   E. 当事人姓名或名称

7. 冯某将承租的住房转租给陈某，并办理了登记备案手续。关于转租的说法，正确的有（　　）。
   A. 该转租需取得冯某妻子书面同意
   B. 该转租需取得邻居的同意
   C. 该承租住房不是违法建筑
   D. 该住房转租签订了转租协议
   E. 出租人书面同意或者一同去办理了登记备案手续

【真题实测答案解析】

1.【答案】A
【解析】房屋转租须经出租人的书面同意。承租人未经出租人同意转租的，出租人可以解除房屋租赁合同，收回房屋并要求承担赔偿损失。

【出处】《房地产经纪综合能力》(第四版)P147

2.【答案】B

【解析】承租人未经出租人同意转租的，出租人可以解除房屋租赁合同，收回房屋并要求承担赔偿损失。

【出处】《房地产经纪综合能力》(第四版)P147

3.【答案】D

【解析】《商品房租赁管理办法》第十四条规定："房屋租赁合同订立后三十日内，房屋租赁当事人应当到租赁房屋所在地直辖市、市、县人民政府房地产主管部门办理房屋租赁登记备案。"

【出处】《房地产经纪综合能力》(第四版)P145

4.【答案】BDE

【解析】房屋租赁市场的特点有：① 租赁价格相对稳定；② 季节性变化明显；③ 交易更为频繁；④ 属于地区性市场。

【出处】《房地产经纪综合能力》(第四版)P134

5.【答案】BCDE

【解析】存量房租赁代理业务大体包括客户接待、房屋租赁代理业务洽谈、房屋查验、信息收集与传播、陪同看房、房屋租赁价格谈判及租赁合同签订备案、佣金结算等步骤。

【出处】《房地产经纪综合能力》(第四版)P135

6.【答案】ACDE

【解析】房屋租赁合同的主要内容有：① 房屋租赁当事人的姓名（名称）和身份证件类型和号码；② 标的物；③ 租金和押金数额；④ 租赁用途和房屋使用要求；⑤ 房屋和室内设施的安全性能；⑥ 租赁期限；⑦ 房屋维修责任；⑧ 物业服务、水、电、燃气等相关费用的缴纳；⑨ 违约责任；⑩ 争议解决办法。

【出处】《房地产经纪综合能力》(第四版)P142～144

7.【答案】CDE

【解析】禁止出租房屋的情形也适用于转租的房屋。房屋转租也须签订转租协议，并办理登记备案手续。承租人转租房屋的，应当经出租人书面同意。

【出处】《房地产经纪综合能力》(第四版)P147

【章节小测】

一、单选题（每题的备选答案中只有1个最符合题意）

1. 房地产按照租赁目的划分，可以分为自用租赁市场和（　　）。
   A. 住宅租赁市场　　　　　　　B. 转租租赁市场
   C. 非住宅租赁市场　　　　　　D. 短租租赁市场

2. 所有权人准备以100万元将房屋出售，根据承租人的优先购买权，承租人出价（　　）即可购买该房屋。
   A. 96万元　　　　　　　　　　B. 100万元
   C. 101万元　　　　　　　　　D. 105万元

3. 在房屋租赁经纪服务中，承租人最关心的问题是（　　）。
   A. 租赁数额　　　　　　　　B. 租赁用途
   C. 违约责任　　　　　　　　D. 安全性能
4. 所有权人同张某于 2016 年 1 月签订了租赁合同，未办理备案，又同李某于 2016 年 2 月签订了租赁合同，并办理了备案，房屋未办理交接，则在通过司法诉讼解决纠纷时（　　）。
   A. 李某合同优先　　　　　　B. 张某合同优先
   C. 两份合同具有同等效力　　D. 两份合同效力待定

二、多选题（每题的备选答案中有 2 个或 2 个以上符合题意）

5. 房地产租赁市场的特点有（　　）。
   A. 租赁价格波动明显　　　　B. 租赁价格相对稳定
   C. 无季节性变化　　　　　　D. 季节性变化明显
   E. 交易更为频繁
6. 房屋租金的基本构成因素包括（　　）。
   A. 房屋折旧费　　　　　　　B. 水费
   C. 维修费　　　　　　　　　D. 房产税
   E. 停车费
7. 房屋租金区位影响因素可分解为（　　）。
   A. 位置　　　　　　　　　　B. 新旧程度
   C. 楼层　　　　　　　　　　D. 体积
   E. 朝向

【章节小测答案解析】

1.【答案】B
【解析】按租赁目的划分可以分为自用租赁市场和转租租赁市场。
【出处】《房地产经纪综合能力》（第四版）P133

2.【答案】B
【解析】出租人出卖租赁房屋的，承租人享有以同等条件优先购买的权利。
【出处】《房地产经纪综合能力》（第四版）P142

3.【答案】D
【解析】房屋使用和室内设施运行的安全性能是承租人最为关心的问题之一。
【出处】《房地产经纪综合能力》（第四版）P143

4.【答案】A
【解析】出租人就同一房屋订立数份租赁合同，在合同均有效的情况下，承租人均主张履行合同的，人民法院按照下列顺序确定履行合同的承租人：① 已经合法占有租赁房屋的；② 已经办理登记备案手续的；③ 合同成立在先的。不能取得租赁房屋的承租人请求解除合同、赔偿损失的，依照《民法典》的有关规定处理。
【出处】《房地产经纪综合能力》（第四版）P148

5.【答案】BDE

【解析】房屋租赁市场的特点：① 租赁价格相对稳定；② 季节性变化明显；③ 交易更为频繁；④ 属地区性市场。

【出处】《房地产经纪综合能力》（第四版）P134

6.【答案】ACD

【解析】房屋租金的基本构成因素包括：房屋折旧费、维修费、管理费、利息、土地使用费、房产税、利润、税金、保险费等。

【出处】《房地产经纪综合能力》（第四版）P138

7.【答案】ACE

【解析】出租房屋的区位状况包括房屋的位置、交通、外部配套设施、周围环境等，单套住宅的区位状况还应包括所处楼幢、楼层和朝向。

【出处】《房地产经纪综合能力》（第四版）P139

第五章 房屋买卖

【章节导引】

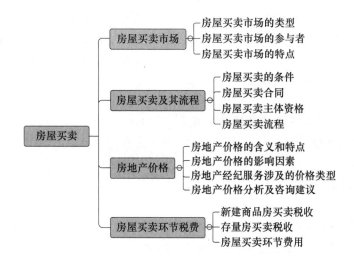

【核心知识点】

核心知识点1：房屋买卖市场的参与者

房屋买卖市场的参与者包括：
（1）卖方：也称出卖人，房地产供给者，主要是房地产开发企业和房屋所有权人。
（2）买方：也称为买受人，为房地产需求者，一般情况下任何单位和个人都可以成为房地产买方，但如果政府实行了限制购房的政策，符合购房政策的人才能成为房地产的买方。
（3）房地产经纪机构：房屋买卖的中间商。
（4）其他专业服务机构：如金融机构（提供贷款服务）、房地产评估机构（提供房屋价格评估服务）、律师事务所（提供法律咨询服务）等。
（5）房地产市场管理者：主要是行政主管部门和行业自律组织。

1.（单选题）房地产市场管理者主要是（　　）。
　　A. 行政主管部门　　　　　　　　B. 行业自律组织
　　C. 行政主管部门和行业自律组织　　D. 行政主管部门和住房建设部
【答案】C
【解析】房地产市场管理者主要是行政主管部门和行业自律组织。
【出处】《房地产经纪综合能力》（第四版）P168

核心知识点 2：房屋买卖市场的特点

由于房地产具有独一无二、不可移动、价值量大等不同于一般商品的特性，房屋买卖市场主要具备以下特点：

（1）垄断竞争性：无法像普通商品一样做到大规模标准化生产，相互竞争不充分、且不可替代。

（2）区域性：房屋买卖是典型的区域市场，不同的城市之间，甚至同一城市的不同区域之间的房地产市场规模、价格水平、供求状况、价格走势等情况可能差异很大。

（3）周期性：房地产业受到经济发展、人口、政策等多种因素影响，以及房地产业本身运行规律的制约，房地产市场会表现出周期性波动，出现高峰期和低谷期。

（4）易于形成泡沫：由于房地产寿命长久、供给有限，易保值增值，具有很好的投资品属性，房地产市场容易出现投机。

1. （多选题）房地产买卖市场的特点有（　　　）。
   A. 垄断竞争性　　　　　　　　B. 完全竞争性
   C. 区域性　　　　　　　　　　D. 周期性
   E. 易于形成泡沫

【答案】ACDE
【解析】房屋买卖市场特点有：垄断竞争性，区域性，周期性，易于形成泡沫。
【出处】《房地产经纪综合能力》（第四版）P169

核心知识点 3：房屋买卖的条件

商品房预售的条件：
（1）已交付全部土地使用权出让金，取得土地使用权证书；
（2）持有建设工程规划许可证和施工许可证；
（3）按提供预售的商品房计算，投入开发建设的资金达到工程建设总投资的 25% 以上，并已经确定施工进度和竣工交付日期；
（4）取得商品房预售许可证。

商品房现售的条件：
（1）取得土地使用权证书或者使用土地的批准文件；
（2）持有建设工程规划许可证和施工许可证；
（3）已通过竣工验收；
（4）拆迁安置已经落实；
（5）供水、供电、供热、燃气、通信等配套基础设施具备交付使用条件，其他配套基础设施和公共设施具备交付使用条件或者已确定施工进度和交付日期；
（6）物业管理方案已经落实。

商品房销售中的禁止行为：
（1）不符合商品房销售条件的，房地产开发企业不得销售商品房，不得向买受人收取任何预订款性质的费用，不得参加展销活动；

（2）商品住宅按套销售，不得分割拆零销售；

（3）房地产开发企业不得采取返本销售或者变相返本销售的方式销售商品房，不得采取售后包租或者变相售后包租的方式销售未竣工商品房；

（4）商品住房严格实行购房实名制，认购后不得擅自更改购房者姓名；

（5）房地产开发企业不得在未解除商品房买卖合同前，将作为合同标的物的商品房再行销售给他人；

（6）商品房销售后，房地产开发企业不得擅自变更规划、设计；

（7）房地产广告的房源信息应当真实，面积应当表明为建筑面积或者套内建筑面积，并不得含有下列内容：① 升值或者投资回报的承诺；② 以项目到达某一具体参照物的所需时间表示项目位置；③ 违反国家有关价格管理的规定；④ 对规划或者建设中的交通、商业、文化教育设施以及其他市政条件作误导宣传。

1. （单选题）下列不属于商品房预售的条件的是（　　）。
   A. 取得土地使用权证书　　　B. 持有建设工程规划许可证和施工许可证
   C. 通过竣工验收　　　　　　D. 取得商品房预售许可证

【答案】C

【解析】通过竣工验收属于商品房现售的条件。

【出处】《房地产经纪综合能力》（第四版）P170

2. （多选题）商品房销售中的禁止行为有（　　）。
   A. 销售不符合商品房销售条件的房地产
   B. 分割拆零销售商品住宅
   C. 采取售后包租的方式销售商品房
   D. 未竣工的商品房有相关证明
   E. 真实宣传房源信息

【答案】ABC

【解析】D属于商品房销售需要具备的内容，不属于禁止行为范畴内。E属于合规行为。

【出处】《房地产经纪综合能力》（第四版）P171

核心知识点4：存量房买卖规定

（1）不得转让的存量房屋主要有下列几类：

① 司法机关和行政机关依法裁定、决定查封或者以其他形式限制房地产权利的房屋；

② 依法收回土地使用权的房屋；

③ 共有房屋，未经其他共有人书面同意的；

④ 权属有争议的房屋；

⑤ 未依法登记的房屋；

⑥ 抵押当事人约定禁止转让或须经抵押权人同意方可转让的房屋；

⑦ 法律、行政法规规定禁止转让的其他情形，如购买后未满5年的经济适用住房。

(2) 共有房屋买卖规定：

按照《民法典》的规定，房屋可以由单位、个人单独所有，也可以由两个以上单位、个人共有。共有包括按份共有和共同共有。

① 按份共有：各所有权人按照所有权份额享有对房屋的权利和承担义务；按份共有房屋的份额处分更为灵活，通常情况下，按份共有人可以随时请求分割共有房屋，并自由处分分割所得份额。按份共有人处分共有房屋，经占份额2/3以上的按份共有人同意即可。

② 共同共有：所有权人对于房屋不分份额享有平等的所有权；共同共有房屋的买卖条件较为严苛，除非共有人之间另有约定，共同共有人处分共有房屋，须经全体共同共有人同意。

备注提示：如果共有人之间没有约定是按份共有还是共同共有，或约定不明确，除非共有人之间具有家庭关系，一般视为按份共有。

(3) 已抵押房屋买卖规定：

《民法典》第四百零六条规定："抵押期间，抵押人可以转让抵押财产。当事人另有约定的，按照其约定。抵押财产转让的，抵押权不受影响。"但在《民法典》实施前已抵押的房屋，抵押期间转让的，未经抵押权人同意，不予办理转移登记，实践中应让买方明确知晓抵押情况。二手房买卖时，一般要求卖方在办理买卖合同网签备案前提前还清贷款（即赎楼），办理抵押权注销登记。

(4) 已出租房屋买卖规定：

根据《民法典》相关规定：

① 租赁物在承租人按照租赁合同占有期限内发生所有权变动的，不影响租赁合同的效力；

② 出租人出卖租赁房屋的，应当在出卖之前的合理期限内通知承租人，承租人享有以同等条件优先购买的权利；

③ 出租人履行通知义务后，承租人在15日内未明确表示购买的，在15日届满后，承租人主张优先购买权的，人民法院不予支持。

(5) 其他住房买卖规定：

除了商品房外，已购公有住房、经济适用住房、限价商品房和共有产权住房等政策性住房在满足一定条件的情况下也可以进行转让：

① 已购公有住房买卖规定：公有住房是指由国家以及国有企业事业单位投资兴建销售的住宅，在住宅未出售之前，住宅的产权（占有权、使用权、收益权、处分权）归国家所有。目前居民使用的公有住房，按房改政策可分为两大类，一类是可售公有住房，一类是不可售公有住房。在可售公有住房中，根据房改政策，出售的价格又分为三种：市场价、成本价和标准价。

② 经济适用住房买卖规定：经济适用住房是指政府提供政策优惠，限定套型面积和销售价格，按照合理标准建设，面向城市低收入住房困难家庭供应，具有保障性的政策性住房。

③ 限价商品房买卖规定：限价商品房，又称限房价、限地价的两限商品房，是指政府为解决中低收入家庭的住房困难，在出让商品住房用地时，提出限制开发完成后的商品

房价格及套内（面积）要求，由房地产开发企业公开竞买后，严格执行限制性要求开发建设和定向销售的普通商品住房。

④ 共有产权住房规定：共有产权住房，是指地方政府让渡部分土地出让收益，以低于市场价配售给符合条件的保障对象家庭，由保障对象家庭与地方政府签订合同，约定双方产权份额以及将来上市交易条件，以价款分配份额的政策性住房。共有产权住房上市交易要满足一定的条件，各地规定可能不同，但一般要求购买满5年才允许转让，同等条件下地方政府有优先购买权。若政府放弃优先购买，购房者单独转让其自有产权份额，转让对象要符合共有产权住房购买条件。

1. （多选题）不能转让的存量房房屋有（　　）。
   A. 被查封或其他形式限制房地产权利的房屋
   B. 经房地产经纪公司出租房屋
   C. 未经共有人同意的共有房屋
   D. 权属有争议的房屋
   E. 未经抵押权人同意的已抵押的房屋

【答案】ACDE

【解析】经房地产经纪公司出租的房屋也可以转让，出租人出卖租赁房屋的，应当在出卖之前的合理期限内通知承租人，承租人享有以同等条件优先购买的权利。

【出处】《房地产经纪综合能力》（第四版）P172

2. （单选题）共同共有人处分共有房屋时（　　）。
   A. 须经全体共同共有人同意
   B. 须占份额的1/3以上共有人同意
   C. 须占份额的2/3以上共有人同意
   D. 须占份额的2/3以上按份共有人同意

【答案】A

【解析】共同共有房屋的买卖条件较为严苛。除非共有人之间另有约定，共同共有人处分共有房屋，须经全体共同共有人同意。

【出处】《房地产经纪综合能力》（第四版）P173

3. （单选题）出租人出卖租赁房屋的，应当在出卖之前的合理期限内通知承租人，承租人（　　）。
   A. 享有以同等条件优先购买的权利　　B. 享有有限购买的权利
   C. 可以直接向出租人沟通　　D. 可以通过经纪公司优先购买

【答案】A

【解析】出租人出卖租赁房屋的，应当在出卖之前的合理期限内通知承租人，承租人享有以同等条件优先购买的权利。

【出处】《房地产经纪综合能力》（第四版）P173～174

4. （多选题）公有住房是指由国家以及国有企业、事业单位投资兴建、销售的住宅，在住宅未出售之前，住宅的（　　）归国家所有。
   A. 占有权　　　　　　　　　　　　B. 使用权

C. 建设权 D. 收益权
E. 处分权

【答案】ABDE

【解析】公有住房是指由国家以及国有企业、事业单位投资兴建、销售的住宅，在住宅未出售之前，住宅的产权占有权、使用权、收益权、处分权归国家所有。

【出处】《房地产经纪综合能力》（第四版）P174

核心知识点 5：房屋买卖主体资格

房屋买卖属于民事活动，民事主体需具备房屋买卖的主体资格。

（1）卖方主体资格：

① 新建商品房销售的主体资格：新建商品房销售中的卖方是房地产开发企业，其必须具有法人营业执照和房地产开发企业资质证书，同时还要符合国家关于商品房预售和现售的具体条件。

② 存量房屋买卖中的卖方资格（卖方是个人）：如果卖方为具有完全民事行为能力的个人，卖方可以亲自办理房屋出售，也可以授权委托他人代理出售。如卖方为无民事行为能力人或限制民事行为能力人，应由卖方的监护人代为签订房屋买卖合同和申请不动产登记，监护人还要提供出售房屋是为被监护人利益的书面保证。

③ 存量房屋买卖中的卖方资格（卖方是单位）：如果是国有企业，需要取得国有资产管理部门的批准文件；如果是集体企业，需要取得职工代表大会的批准文件；如果是有限责任公司、股份有限公司的，需要提供公司董事会、股东会决议和公司章程等书面文件。

（2）买方主体资格：

房屋买卖中的买方必须是法律法规规定可以购买房地产的单位或个人，可以是中华人民共和国境内（外）的自然人、法人和非法人组织，但各地政府对不同性质的房屋的购买主体资格又有具体要求。

1.（单选题）房屋买卖属于民事活动，民事主体具备房屋买卖的主体资格，房屋买卖应当由（　　）的人办理或代为办理。

A. 无民事行为能力 B. 具有完全民事行为能力
C. 具有民事行为能力的成年人 D. 具有限制民事行为能力

【答案】B

【解析】房屋买卖属于民事活动，民事主体具备房屋买卖的主体资格，房屋买卖应当由具有完全民事行为能力的人办理或代为办理。

【出处】《房地产经纪综合能力》（第四版）P177

核心知识点 6：房屋买卖流程

新建商品房买卖流程：

（1）房源核验与购房资格审核（如有）；
（2）房地产开发企业与认购人签订商品房认购书，认购人交付定金；
（3）房地产开发企业与买方签订商品房买卖合同；
（4）房地产开发企业办商品房买卖合同网签备案；
（5）买方支付首付款及办理抵押贷款（如需要），预售商品房应办理预售资金监管；
（6）买卖双方按规定缴纳相关税费；
（7）买卖双方申请不动产转移登记；
（8）买方领取不动产权证书，房地产开发企业交付房屋。

存量房买卖流程：
（1）房源核验与购房资格审核（如有）；
（2）买卖双方签订房屋买卖合同；
（3）买卖双方或买卖双方委托经纪机构办理存量房买卖合同网签备案（如有）；
（4）买卖双方办理交易资金监管及抵押贷款（如需要）；
（5）买卖双方按照规定缴纳有关税费；
（6）买卖双方申请不动产转移登记；
（7）买方领取不动产权属证书，卖方收款、交付房屋。

1.（多选题）存量房买卖中，房屋买卖的一般流程包含（   ）。
   A. 买方签订商品房认购书，交付定金
   B. 买卖双方签订房屋买卖合同
   C. 买卖双方按照规定缴纳有关税费
   D. 买卖双方申请不动产转移登记
   E. 买方领取不动产权属证书，卖方收款、交付物业。

【答案】BCDE
【解析】存量房买卖可以自行成交，也可以通过经纪机构居间成交，无论哪种成交方式，房屋买卖的一般流程如下：①房源核验与购房资格审核（如有）；②买卖双方签订房屋买卖合同；③买卖双方或买卖双方委托经纪机构办理存量房买卖合同网签备案（如有）；④买卖双方办理交易资金监管及抵押贷款（如需要）；⑤买卖双方按照规定缴纳有关税费；⑥买卖双方申请不动产转移登记；⑦买方领取不动产权属证书，卖方收款、交付房屋。
【出处】《房地产经纪综合能力》（第四版）P179

核心知识点 7：房地产价格特点

（1）房地产价格与区位关系密切；
（2）房地产价格实质上是房地产权益的价格；
（3）房地产价格同时有买卖价格和租赁价格；
（4）房地产价格易受交易者的个别情况影响；
（5）房地产价格形成的时间通常较长。

1. （多选题）房地产价格的特点有（　　）。
   A. 与区位关系密切　　　　　　B. 实质上是房地产权益的价格
   C. 同时有买卖价格和租赁价格　D. 易受交易者的个别情况影响
   E. 实质上是房地产实物的价格

【答案】ABCD

【解析】房地产价格的特点有：①房地产价格与区位关系密切；②房地产价格实质上是房地产权益的价格；③房地产价格同时有买卖价格和租赁价格；④房地产价格易受交易者的个别情况影响；⑤房地产价格形成的时间通常较长。

【出处】《房地产经纪综合能力》（第四版）P179～180

核心知识点 8：房地产价格的影响因素

房地产价格的高低及其变动，是众多对房地产价格有影响的因素共同作用的结果。

（1）房地产市场的供给：决定基本要素有：①该种房地产的价格水平；②该种房地产的开发建设成本；③该种房地产的开发建设技术水平；④房地产开发企业和房地产拥有者对未来的预期。

（2）房地产的需求：决定基本要素有：①该种房地产的价格水平；②消费者的收入水平；③消费者的偏好；④相关物品的价格水平；⑤消费者对未来的预期。

（3）房地产价格影响因素：①一般因素：社会、经济、行政、人口因素。②区域因素：交通、外部配套设施、周围环境和景观。③个别因素：面积、用途、户型、楼层、朝向、房屋类型、新旧程度、权利性质等。

1. （单选题）房地产价格政策、城市发展战略对房地产价格的影响因素是（　　）。
   A. 社会因素　　　　　　　　　B. 经济因素
   C. 行政因素　　　　　　　　　D. 人口因素

【答案】C

【解析】行政因素指影响房地产价格的法律法规、制度、政策、行政措施等，主要有房地产制度、房地产价格政策、行政隶属变更、特殊政策、城市发展战略、城市规划、土地利用规划、税收政策、交通管制等。

【出处】《房地产经纪综合能力》（第四版）P181～182

2. （单选题）大气环境、水文环境、卫生环境对房地产价格的影响因素是（　　）。
   A. 区域因素　　　　　　　　　B. 交通因素
   C. 外部配套设置因素　　　　　D. 周围环境和景观因素

【答案】D

【解析】影响房地产价格的周围环境和景观因素，是指对房地产价格有影响的房地产周围的自然状况因素和人文状况因素，主要有大气环境、水文环境、声觉环境、视觉环境、卫生环境和人文环境。

【出处】《房地产经纪综合能力》（第四版）P182

核心知识点 9：房地产经纪服务涉及的价格类型

（1）买卖价格、租赁价格。
（2）总价、单价：
① 总价指某一宗或某一区域范围内的房地产整体的价格；
② 单价在指房地产单位价格，单价一般可以反映价格水平的高低。
（3）挂牌价、成交价、心理价：
① 挂牌价：指出卖人在房地产经纪机构或其他方式挂牌时定下的房屋价格。由于存在议价空间，一般略高于真实成交价。
② 成交价：指成功的交易中买方支付和卖方接受的金额，通常随着交易者对交易对象和市场行情的了解程度、出售或购买的动机或急迫程度、交易双方之间的关系、议价能力和技巧、卖方的价格策略等的不同而有所不同。
（4）市场价、贷款评估价：
① 市场价：指某种房地产在市场上的平均交易价格，一般以一些类似房地产的成交价格为基础测算，但不能对这些成交价格直接采用平均的方法进行计算。
② 贷款评估价：是指向银行办理房屋抵押贷款时，委托房地产评估机构对拟交易房屋进行评估的价格。
（5）期房价、现房价。
（6）含税价、净得价。

1.（单选题）考虑到资金的安全性，往往低于实际成交价，并且与房龄、房屋的建筑结构等因素密切相关是（　　）。
　　A. 挂牌价　　　　　　　　B. 成交价
　　C. 贷款评估价　　　　　　D. 市场价
【答案】C
【解析】贷款评估价是指向银行办理房屋抵押贷款时，委托房地产评估机构对拟交易房屋进行评估的价格。考虑到资金的安全性，贷款评估价往往会低于实际成交价，并且与房龄、房屋的建筑结构等因素密切相关。
【出处】《房地产经纪综合能力》（第四版）P184

核心知识点 10：房地产价格咨询建议

（1）卖方咨询建议：
房地产经纪人员在为卖方提供价格建议时，可按照以下步骤开展：
① 判断整体房地产价格走势；
② 调查拟交易房地产所在区域的价格；
③ 对拟交易房地产价格进行调整；
④ 预留议价空间，确定挂牌价格。
（2）买方咨询建议：

① 判断整体房地产市场走势，以便为买方进行价格谈判时提供基础；
② 调查拟购买房地产所在区域的价格，便于了解大致交易价格，根据心理最高承受价格明确拟购买房地产区域；
③ 确定谈判空间。

1. （多选题）房地产经纪人员为卖方提供价格建议的做法，正确的有（   ）。
   A. 判断整体房地产市场走势
   B. 调查拟交易房地产所在区域的价格
   C. 对拟交易房地产价格进行调整
   D. 确定谈判空间
   E. 预留议价空间，确定挂牌价格

【答案】ABCE
【解析】在为卖方提供价格建议时，房地产经纪人可以按照如下步骤进行：① 判断整体房地产市场走势；② 调查拟交易房地产市场所在区域的价格；③ 对拟交易房地产价格进行调整；④ 预留议价空间，确定挂牌价格。
【出处】《房地产经纪综合能力》（第四版）P187

核心知识点 11：房屋买卖环节费用

（1）住宅专项维修资金：是指专项用于住宅共用部位、共用设施设备保修期满后的维修和更新、改造的资金，商品住宅的业主、非住宅的业主按照所拥有物业的建筑面积缴存住宅专项维修资金。

（2）评估费：存量房买卖中，需对房屋进行估价的情形一般为以下两种：① 申请贷款时，公积金贷款中心或商业银行为确定房屋的价格需对待抵押的房地产进行估价；② 缴纳房地产有关税费时，交易双方申报的房屋成交价格过低，有关主管部门对房屋进行估价。

（3）公证费。

（4）登记费：按照《民法典》规定，不动产登记费按件收取，不得按照不动产面积、体积或者价款的比例收取。

（5）房地产经纪服务佣金：房地产经纪机构除了提供房地产信息、实地看房、代拟合同等房地产经纪服务外，还会提供代办贷款、代办过户等服务，房地产经纪机构提供这些服务可以在佣金外另外收费，具体收费标准一般由各经纪机构在国家或地方规定的标准内自行确定，但需要严格执行明码标价制度，不得收取任何未标明的费用。

1. （单选题）张某转让房屋时，已交存的住宅专项维修资金应（   ）。
   A. 退还给业主   B. 随房屋所有权同时转移
   C. 上交给业主大会   D. 上交给业主委员会

【答案】B
【解析】业主分户账面住宅专项维修资金余额不足首期交存额30%的，应当及时续交。

业主交存专项维修资金属于业主所有,转让房屋时,结余维修资金不予退还,随房屋所有权同时转移。

【出处】《房地产经纪综合能力》(第四版)P199

【真题实测】

一、单选题(每题的备选答案中只有1个最符合题意)

1. 房地产买卖市场具有(　　)的特征。
    A. 完全垄断　　　　　　　　B. 垄断竞争
    C. 完全竞争　　　　　　　　D. 寡头垄断
2. 根据《商品房销售管理办法》,商品房销售中禁止(　　)。
    A. 在宣传广告中有"售后包租"字样　B. 按套销售
    C. 实行购房实名制　　　　　　　　D. 一房一价
3. 影响房地产价格的一般因素不包括(　　)。
    A. 人口　　　　　　　　　　B. 行政
    C. 交通　　　　　　　　　　D. 社会
4. 某城市在人口总量不变的情况下,人均数量从3.5人降至2.5人,随之产生的该城市住宅需求量的走势一般是(　　)。
    A. 剧烈波动　　　　　　　　B. 增加
    C. 降低　　　　　　　　　　D. 稳定不变
5. 杨某在某网站上发布其一套房屋的出售价格为200万元,该价格属于(　　)。
    A. 成本价　　　　　　　　　B. 成交价
    C. 挂牌价　　　　　　　　　D. 申报价
6. 房地产交易中,最常用的房地产价格分析法是(　　)。
    A. 成本法　　　　　　　　　B. 收益法
    C. 比较法　　　　　　　　　D. 假设开发法
7. 增值税实行的是(　　)税率。
    A. 幅度定额　　　　　　　　B. 比例
    C. 超率累进　　　　　　　　D. 定额
8. 2021年8月30日,王某以200万购买一套家庭唯一住房,建筑面积为$100m^2$,王某购房缴纳的契税是(　　)万元。
    A. 2　　　　　　　　　　　　B. 3
    C. 4　　　　　　　　　　　　D. 6

二、多选题(每题的备选答案中有2个或2个以上符合题意)

9. 根据房改政策,公有住房的出售价格有(　　)。
    A. 基准价　　　　　　　　　B. 市场价
    C. 成本价　　　　　　　　　D. 标准价
    E. 平均价
10. 商品房销售的计价方式有按(　　)计价。

A．套（单元）　　　　　　　　B．套内建筑面积
C．占地面积　　　　　　　　　D．建筑面积
E．体积

【真题实测答案解析】

1．【答案】B

【解析】房地产不同于普通商品，无法像普通商品那样可以做到大规模标准化生产、市场上存在大量可替代的产品，相互之间竞争充分，房地产市场上在售的房地产商品各不相同，竞争往往不够充分，具有垄断竞争的特征。

【出处】《房地产经纪综合能力》（第四版）P169

2．【答案】A

【解析】根据《商品房销售管理办法》商品房销售的禁止行为：① 不符合商品房销售条件的，房地产开发企业不得销售商品房，不得向买受人收取任何预定款性质的费用，不得参加展销活动；② 商品房住宅按套销售，不得分割拆零销售；③ 房地产开发企业不得采取返本销售或者变相返本销售的方式销售商品房，不得采取售后包租或变相售后包租的方式销售未竣工的商品房；④ 商品房严格实行购房实名制，认购后不得擅自更改购房者姓名；⑤ 房地产开发企业不得在未解除商品房买卖合同前，将作为合同标的物的商品房再行销售给他人；⑥ 商品房销售后，房地产开发企业不得擅自变更规范、设计；⑦ 房地产广告的房源信息应当真实。

【出处】《房地产经纪综合能力》（第四版）P171

3．【答案】C

【解析】从因素影响的范围角度，可将影响房地产价格的因素分为一般因素、区域因素、个别因素。一般因素即对国家或某城市房地产价格普遍产生影响的因素，包括社会因素、经济因素、行政因素、人口因素等。

【出处】《房地产经纪综合能力》（第四版）P181~182

4．【答案】B

【解析】随着家庭人口规模小型化，即每个家庭平均人口数的下降，家庭数量增多，所需的住宅总量将会增加，住宅价格有上涨的趋势。

【出处】《房地产经纪综合能力》（第四版）P182

5．【答案】C

【解析】挂牌价是指出卖人在房地产经纪机构或其他方式挂牌时定下的房屋价格。由于存在议价空间，一般略高于真实成交价。

【出处】《房地产经纪综合能力》（第四版）P184

6．【答案】C

【解析】房地产交易中，最常用的房地产价格分析法为比较法。

【出处】《房地产经纪综合能力》（第四版）P185

7．【答案】C

【解析】新建商品房的销售人在需要征收增值税的情况下，按应缴纳增值税的一定比例缴纳城市维护建设税和教育费附加。存量房增值税与新建商品房情况类似，存量房所有

权人出售房屋，应该规定缴纳增值税、城市维护建设税和教育费附加。

【出处】《房地产经纪综合能力》（第四版）P188、P191

8.【答案】B

【解析】个人购买家庭唯一住房，面积为 90m² 以上的，减按 1.5% 的税率征收契税。

【出处】《房地产经纪综合能力》（第四版）P194

9.【答案】BCD

【解析】可售公有住房中，根据房改政策，出售的价格有三种，即成本价、标准价、市场价。

【出处】《房地产经纪综合能力》（第四版）P174

10.【答案】ABD

【解析】《商品房销售管理办法》第十八条规定：商品房销售可以按套（单元）计价，也可以按套内建筑面积或者建筑面积计价。

【出处】《房地产经纪综合能力》（第四版）P176

【章节小测】

一、单选题（每题的备选答案中只有 1 个最符合题意）

1. 分析房地产市场形势时，一般可以将一个（　　）视为一个市场。
   A. 居住小区　　　　　　　B. 居住区
   C. 城市　　　　　　　　　D. 国家

2. 下列商品房预售的条件，错误的是（　　）。
   A. 取得土地使用权证
   B. 取得建设工程规划许可证和施工许可证
   C. 取得商品房预售许可证
   D. 按提供预售的商品房计算，投入开发建设的资金达到工程建设总投资 20% 以上，并确定施工进度和竣工交付日期

3. 房地产交易中，需提供职工大会批准文件的卖方是（　　）。
   A. 国有企业　　　　　　　B. 集体企业
   C. 有限责任公司　　　　　D. 股份有限公司

4. 房地产价格实质上是房地产（　　）的价格。
   A. 区位　　　　　　　　　B. 实物
   C. 权益　　　　　　　　　D. 投资

5. 在存量房买卖中，应由买方负担的税种是（　　）。
   A. 增值税　　　　　　　　B. 个人所得税
   C. 契税　　　　　　　　　D. 城市建设维护税

二、多选题（每题的备选答案中有 2 个或 2 个以上符合题意）

6. 房地产市场容易形成泡沫的主要原因是（　　）。
   A. 寿命长久　　　　　　　B. 需求旺盛
   C. 供给有限　　　　　　　D. 交易流程复杂
   E. 保值增值

7. 在发布房源广告中，不得含有的内容有（   ）。
   A．建筑面积 78m²   B．南北朝向
   C．距离中心医院 10 分钟路程   D．房本满 5 年
   E．1 年内通地铁
8. 房地产价格影响因素从其影响的范围角度，可分为（   ）因素。
   A．一般   B．区域
   C．区位   D．个别
   E．实物
9. 下列关于房屋买卖环节涉及的费用说法错误的是（   ）。
   A．业主交存的住宅专项维修资金属于业主所有
   B．转让房屋时，结余的维修资金及时退还业主
   C．专项维修资金余额不足首期交存额 25% 的，应当及时续交
   D．住房登记费一套为一件
   E．新房在交易过程中，不要求必须对房屋进行评估

【章节小测答案解析】

1.【答案】C
【解析】分析房地产形势时，要区分不同的城市或区域，一般可将一个城市视为一个市场。
【出处】《房地产经纪综合能力》（第四版）P169

2.【答案】D
【解析】按提供预售的商品房计算，投入开发建设的资金达到工程建设总投资的 25% 以上。
【出处】《房地产经纪综合能力》（第四版）P170

3.【答案】B
【解析】存量房屋买卖中的卖方是房屋所有权人，可能是个人，也可能是企事业单位。卖方是单位的，如果是国有企业，需要取得国有资产管理部门的批准文件；如果是集体企业，需要取得职工代表大会的批准文件；如果是有限责任公司、股份有限公司的，需要提供公司董事会、股东会决议或公司章程等书面文件。
【出处】《房地产经纪综合能力》（第四版）P178

4.【答案】C
【解析】房地产价格实质上是房地产权益的价格：房地产是不动产，其物权的设立、变更、转让和消灭是依照法律规定登记，因此房地产在交易中可以转移的不是其实物，而是其所有权、建设用地使用权和其他权利。
【出处】《房地产经纪综合能力》（第四版）P179

5.【答案】C
【解析】存量房买受人需要缴纳契税。
【出处】《房地产经纪综合能力》（第四版）P194

6.【答案】ACE

【解析】由于房地产寿命长久、供给有限、保值增值，具有很好的投资品属性，房地产市场容易出现投机。过度的投机炒作会使房价大幅上涨，偏离实际价值，产生价格泡沫。

【出处】《房地产经纪综合能力》（第四版）P169

7. 【答案】CE

【解析】房地产广告的房源信息应当真实，面积应当标明为建筑面积或套内建筑面积，并不得含有下列内容：① 升值或投资回报的承诺；② 以项目到达某一具体参照物的所需时间表示项目位置；③ 违反国家有关价格管理的规定；④ 对规划或建设中的交通、商业、文化教育设施以及其他市政条件做误导宣传。

【出处】《房地产经纪综合能力》（第四版）P171

8. 【答案】ABD

【解析】从因素影响的范围角度，可将影响房地产价格的因素分为一般因素、区域因素和个别因素。

【出处】《房地产经纪综合能力》（第四版）P181

9. 【答案】BC

【解析】专项维修资金余额不足首期交存额30%的，应当及时续交；转让房屋时，结余的维修资金不予退还，随房屋所有权同时过户。

【出处】《房地产经纪综合能力》（第四版）P199

第六章 个人住房贷款

【章节导引】

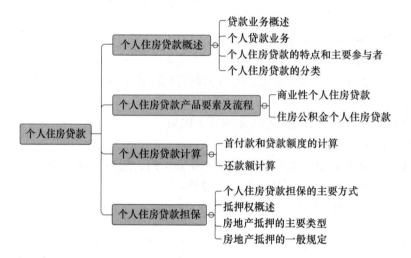

【核心知识点】

核心知识点 1：个人住房贷款的特点

（1）个人住房贷款特点：
① 对象：仅限于自然人，不包括法人；
② 申请人：必须是具有完全民事行为能力的自然人；
③ 个人贷款主要分为三大类，即个人住房贷款、个人消费贷款和个人经营贷款。
（2）个人住房贷款与其他个人贷款相比，具有以下特点：
① 贷款期限长，通常 10~20 年，最长可达 30 年；
② 还款方式绝大多数采取分期还本付息的方式；
③ 大多数是以所购住房抵押为前期条件发生的资金借贷关系。

1. （多选题）下列描述中，属于个人住房贷款特点的是（　　）。
   A. 绝大多数采用还本付息的方式
   B. 可用于个人消费、经营
   C. 以所购住房抵押为前提条件
   D. 贷款对象可以是法人
   E. 贷款期限长

【答案】ACE

【解析】个人住房贷款对象仅限于自然人，不包括法人。个人住房贷款与其他个人贷款相比，具有以下特点：① 贷款期限长，通常10～20年，最长可达30年；② 还款方式绝大多数采取分期还本付息的方式；③ 大多数是以所购住房抵押为前期条件发生的资金借贷关系。

【出处】《房地产经纪综合能力》（第四版）P205

核心知识点2：个人住房贷款主要参与者

个人住房贷款中，除了贷款人、借款人，还有其他参与者，如房地产经纪机构、房地产估价机构、律师事务所、担保（保险）机构和有关政府部门等。

（1）房地产经纪机构可代为办理个人住房贷款、不动产抵押登记等手续；
（2）房地产估价机构负责评估抵押房地产的价值；
（3）律师事务所主要为抵押贷款提供法律服务；
（4）担保（保险）机构包括各类担保公司、保险公司，它们通过提供住房贷款担保或保险，为贷款人防范贷款风险提供保障；
（5）有关政府部门主要是指办理房屋买卖、抵押合同网签备案和抵押登记的房地产交易管理部门、不动产登记机构等。

1.（单选题）负责评估抵押房地产价值的是（　　）。
　　A. 有关政府部门　　　　　　B. 房地产估价机构
　　C. 保险人　　　　　　　　　D. 贷款人

【答案】B
【解析】房地产估价机构负责评估抵押房地产的价值。
【出处】《房地产经纪综合能力》（第四版）P205

核心知识点3：个人住房贷款的分类

（1）按照贷款性质：商业性个人住房贷款、住房公积金贷款和个人住房组合贷款。
（2）按照贷款所购住房交易形态：新建房个人住房贷款、存量房个人住房贷款。

1.（多选题）个人住房贷款按贷款性质分类，可分为（　　）。
　　A. 商业性个人住房贷款　　　B. 新建房个人住房贷款
　　C. 住房公积金贷款　　　　　D. 存量房个人住房贷款
　　E. 个人住房组合贷款

【答案】ACE
【解析】个人住房贷款按照贷款性质，可以分为：商业性个人住房贷款、住房公积金贷款和个人住房组合贷款。
【出处】《房地产经纪综合能力》（第四版）P205～206

核心知识点 4：商业性个人住房贷款和住房公积金贷款

贷款产品	商业性个人住房贷款	住房公积金贷款
申请条件	具有完全民事行为能力的自然人、有当地有效居留身份、稳定合法的经济收入、信用良好、具有真实的合同、有足够的偿还能力等	只有缴存住房公积金的职工才有资格申请住房公积金贷款。申请住房公积金的个人需连续缴存一定时间的公积金，一般要求不少于 6 个月
首付款比例	在不实施限购的城市，原则上，居民家庭首次购买普通住房的商业性个人贷款，最低首付比例 25%；为改善住房再次申请商业性个人住房贷款购买普通用房，首付款比例调整不得低于 30%。对于实施限购的城市，个人住房贷款政策按原规定执行，即购买首套自住房且套型建筑面积在 90m² 以上的家庭（包括借款人、配偶及未成年子女，下同），贷款首付款比例不得低于 30%；对贷款购买第二套住房的家庭，贷款首付款比例不得低于 50%	住房公积金贷款购买首套普通住房最低首付款比例为 20%；自 2015 年 9 月 1 日起，对拥有一套住房并已结清相应购房贷款的居民家庭，为改善居住条件再次申请公积金贷款，最低首付由 30% 降低至 20%
贷款成数	商业银行应根据各地市场情况的不同制定合理的贷款成数上限，但所有住房贷款的贷款成数不得超过 80%	
偿还比率	根据银监会规定，应将房地产支出与收入比控制在 50% 以下（含 50%），月所有债务支出与收入比控制在 55% 以下（含 55%）	
贷款额度	理论上，在个人住房贷款中，贷款的数额应为所购住房总价减去首付款后的余额。但实际上，贷款人一般会用不同的指标，对借款人的贷款金额作出限制性规定。如规定贷款金额不得超过贷款机构规定的某一最高金额等	除与商业性住房贷款相同要求的考核贷款成数、借款人还款能力外，还规定不得超过当地规定的单笔最高贷款额度，该额度由公积金管理委员会确定，住房公积金最高贷款额度不得超过一定的数额
贷款利率	自 2019 年 10 月 8 日起，新发放商业性个人住房贷款利率以最近一个月相应的贷款市场报价利率（Loan Prime Rate，LPR）为定价基准加点形成	全国实行统一的住房公积金贷款利率，由中国人民银行提出，征求国务院建设行政主管部门意见后，国务院批准
贷款期限	个人住房贷款期限最长为 30 年。贷款人在为借款人确定还款年限时一般以其年龄和房龄为基础	公积金贷款期限最长不超过 30 年，且贷款到期日不超过借款申请人（含共同申请人）法定退休时间后 5 年
贷款流程	① 贷款申请； ② 贷款审批（依照个人信用、抵押物价值和借款人的条件审查）； ③ 签订借款合同（一式三份）； ④ 抵押登记； ⑤ 贷款发放； ⑥ 还贷（首期还贷时间一般为发贷后次月 20 日前）； ⑦ 结清贷款、注销登记	① 受理、发放委托商业银行进行； ② 贷款审批则根据《住房公积金管理条例》规定，由当地住房公积金管理中心负责

1.（单选题）住房公积金个人贷款审批由（ ）。
   A. 受委托银行负责   B. 房屋主管部门
   C. 当地住房公积金管理中心负责   D. 中国人民银行负责

【答案】C

【解析】住房公积金个人贷款受理、发放委托商业银行进行，贷款审批则根据《住房公积金管理条例》规定，由当地住房公积金管理中心负责。

【出处】《房地产经纪综合能力》（第四版）P213~214

核心知识点 5：贷款额度

在个人住房贷款中，需要借款的数额一般为所购住房总价减去首付款后的余额，即：

$$贷款额度＝所购住宅总价－首付款数额$$

贷款人一般会用不同的指标，对借款人的贷款金额做出限制性规定，例如：

① 贷款金额不得超过某一最高金额；

② 贷款金额不得超过按照最高贷款成数计算出的金额；

③ 贷款金额不得超过按照最高偿还比率计算出的金额。

当借款人的申请金额不超过以上所有限额的，以申请金额作为贷款金额；当申请金额超过以上任一限额的，以其中最低限额作为贷款金额。

1. （单选题）在个人住房贷款中，所需贷款的金额一般为所购住房（   ）。

    A. 总价　　　　　　　　　　B. 总价减去首付款后的余额

    C. 首付款　　　　　　　　　D. 总价的一半

【答案】B

【解析】贷款额度＝所购住宅总价－首付款数额。

【出处】《房地产经纪综合能力》（第四版）P214

核心知识点 6：还款额计算

（1）等额本息还款法，即借款人每月按相等的金额偿还贷款本息，其中每月贷款利息按月初剩余贷款本金计算并逐月结清。这种还款方式，利息逐月递减，本金逐月递增，在消费者月收入相对固定的情况下，一般不会因为还款而感到压力。等额本息还款法适用于在未来整个贷款期间收入比较稳定人群、希望前期还款压力较小的人群等。

（2）等额本金还款法，是在还款期内把贷款数总额等分，每月偿还同等数额的本金和剩余贷款在该月所产生的利息。这种还款方式每月的还款本金额固定，利息越来越少，比较适合那些前期能够承担较大还款额的人群，目前收入处于支付能力最强、今后逐步下降的人群。

1. （单选题）等额本息还款方式，每月还款的数额（   ）。

    A. 固定不变　　　　　　　　B. 先大后小

    C. 先小后大　　　　　　　　D. 先小后大，然后再小

【答案】A

【解析】等额本息还款，即借款人每月按相等的金额偿还贷款本息，其中每月贷款利息按月初剩余贷款本金计算并逐月结清。

【出处】《房地产经纪综合能力》（第四版）P215

核心知识点 7：抵押权概述

抵押权是担保物权，是就提供担保的特定财产优先变价受偿的权利，它以支配标的物的交换价值，确保债权清偿为目的，具有优先受偿的担保作用。抵押权的核心内容在于取得抵押物的交换价值。

（1）抵押权的设立：只有双方当事人达成合意方可设定抵押，所以设定抵押权是双方当事人的合意行为。

（2）不得抵押的财产：

① 土地所有权；

② 宅基地、自留地、自留山等集体所有土地使用权，但法律规定可以抵押的除外；

③ 学校、幼儿园、医院等以公益为目的成立的非营利法人的教育设施、医疗卫生设施和其他公益设施；

④ 所有权、使用权不明或者有争议的财产；

⑤ 依法被查封、扣押、监管的财产；

⑥ 法律、行政法规规定不得抵押的其他财产。

（3）抵押权的实现：抵押权的优先受偿性表现在以下三个方面：一是与债务人的其他普通债权人相比，抵押权人有就抵押物变现价款优先受偿的权利；二是在同一标的物上存在多个抵押权时，登记顺序在先的抵押权优先清偿，顺序相同的抵押权按债权比例清偿；三是在债务人受破产宣告时，成立在前的抵押权不受破产宣告的影响，抵押权人可以从抵押物变现价款中优先受偿。

（4）抵押物的转让：《民法典》规定，抵押期间，抵押人可以转让抵押财产。当事人另有约定，按照其约定。抵押财产转让的，抵押权不受影响。这一新制度的核心为：抵押财产可以在未经注销抵押登记的前提下自由转让，不以抵押权人的同意为前提（另有约定的除外），但抵押财产过户后，原抵押权依然存在于抵押财产之上。

（5）抵押不破租赁：《民法典》规定，抵押权设立前，抵押财产已经出租并转移占有的，原租赁关系不受该抵押权的影响。所谓原租赁关系不受该抵押权的影响，一方面，是指抵押权的设立不影响原租赁关系的存续，承租人仍可基于租赁合同继续占有使用租赁物；另一方面，是指抵押权实现时，只要租赁合同还在合同有效期内，租赁合同对抵押物（同时也是租赁物）受让人继续有效，受让人取得的是有租赁权负担的抵押物。

1.（单选题）抵押权是（ ）。

  A. 所有权   B. 用益物权

  C. 担保物权   D. 债权

【答案】C

【解析】抵押权是担保物权。

【出处】《房地产经纪综合能力》（第四版）P219

核心知识点 8：房地产抵押的主要类型

（1）一般房地产抵押：

一般房地产抵押是指为担保债务的履行，债务人或者第三人不转移房地产的占有，将该房地产抵押给债权人的行为。

（2）在建建筑物抵押：

在建建筑物抵押是指抵押人为取得在建建筑物继续建造资金的贷款，以其合法方式取得的土地使用权连同在建建筑物的投入资产，以不转移占有的方式抵押给贷款银行作为偿还贷款履行担保的行为。

（3）预购商品房贷款抵押：

预购商品房贷款抵押是指购房人在支付首期规定的房价款后，由贷款金融机构代其支付其余的购房款，将所购商品房抵押给贷款银行作为偿还贷款履行担保的行为。

（4）最高额抵押：

最高额抵押是指为担保债务的履行，债务人或者第三人对一定期间内将要连续发生的债权用房地产提供担保的行为。

1．（单选题）购房人在支付首期规定的房价款后，由贷款金融机构代其支付其余的购房款，将所购商品房抵押给贷款银行作为偿还贷款履行担保的行为，称为（　　）。

　　A. 一般房地产抵押　　　　　　B. 在建建筑物抵押
　　C. 预购商品房贷款抵押　　　　D. 最高额抵押

【答案】C

【解析】预购商品房贷款抵押是指购房人在支付首期规定的房价款后，由贷款金融机构代其支付其余的购房款，将所购商品房抵押给贷款银行作为偿还贷款履行担保的行为。

【出处】《房地产经纪综合能力》（第四版）P221

核心知识点 9：房地产抵押的一般规定

（1）享受优惠政策房地产抵押规定：以享受国家优惠政策购买的有限产权的房地产抵押的，其抵押额以房地产权利人可以处分和收益的份额为限。

（2）不同性质企业的房地产抵押规定：

①国有企业、事业单位法人以国家授予其经营管理的房地产抵押的，应当符合国有资产管理的有关规定；

②以集体所有制企业的房地产抵押的，必须经集体所有制企业职工（代表）大会通过，并报其上级主管机关备案；

③以中外合资企业、合作经营企业和外商独资企业的房地产抵押的，必须经董事会通过，但企业章程另有约定的除外；

④以股份有限公司、有限责任公司的房地产抵押的，必须经董事会或者股东大会通过，但企业章程另有约定的除外；

⑤有经营期限的企业以其所有的房地产抵押的，所担保债务履行期限不应当超过企

业的经营期限。

（3）不同类型房地产抵押规定：

① 以具有土地使用年限的房地产抵押的，所担保债务的履行期限不得超过土地使用权出让合同规定的使用年限减去已经使用年限后的剩余年限。

② 以共有的房地产抵押的，抵押人应当事先征得其他共有人的书面同意。

③ 预购商品房贷款抵押的，商品房开发项目必须符合房地产转让条件并取得商品房预售许可证。

④ 以已出租的房地产抵押的，抵押人应当将租赁情况告知抵押权人，并将抵押情况告知承租人。原租赁合同继续有效。

⑤ 企、事业单位法人分立或合并后，原抵押合同继续有效。其权利与义务由拥有抵押物的企业享有和承担。抵押人死亡、依法宣告死亡或者被宣告失踪时，其房地产合法继承人或者代管人应当继续履行原抵押合同。

1. （单选题）以中外合资企业的房地产抵押的，需要（　　）。

    A. 符合国有资产管理的有关规定
    B. 经集体所有制企业职工（代表）大会通过，并报其上级主管机关备案
    C. 经董事会通过
    D. 符合外资企业的有关规定

【答案】C

【解析】以中外合资企业、合作经营企业和外商独资企业的房地产抵押的，必须经董事会通过。

【出处】《房地产经纪综合能力》（第四版）P222

【真题实测】

一、单选题（每题的备选答案中只有1个最符合题意）

1. 个人住房贷款按贷款性质分为（　　）。

    A. 一手房贷款和二手房贷款
    B. 首套贷和二套贷
    C. 住房公积金贷款、商业贷款和组合贷款
    D. 抵押贷款、信用贷款、质押贷款

2. 个人住房贷款中的贴息贷款性质属于（　　）。

    A. 住房公积金贷款　　　　　　B. 商业性个人住房贷款
    C. 组合贷款　　　　　　　　　D. 个人消费贷款

3. 王某计划购买一套住房，其自筹的首付款最多为90万元，最低首付款比例为60%，则王某购房时可承受房屋价款为（　　）。

    A. 144万元　　　　　　　　　　B. 90万元
    C. 150万元　　　　　　　　　　D. 225万元

4. 一般情况下借款人年龄越大，个人住房贷款期限（　　）。

A. 越长 B. 越短
C. 不变 D. 不受影响

5. 住房公积金贷款的期限最长是（　　）。
   A. 20 年 B. 25 年
   C. 30 年 D. 40 年

6. 等额本息还款方式，每月还款的数额（　　）。
   A. 固定不变 B. 先大后小
   C. 先小后大 D. 先小后大，然后再小

7. 张某贷款 60 万购买一套房屋，贷款年限为 30 年，利用月等额本息还款方式，其第一个月还款额为 3200 元，假设 LPR 不变，则其最后一个月还款额为（　　）。
   A. 3200 元 B. 1533 元
   C. 1667 元 D. 0 元

二、多选题（每题的备选答案中有 2 个或 2 个以上符合题意）

8. 在个人住房贷款中，除了贷款人、借款人外，其他可以参与的主体包括（　　）。
   A. 工商管理部门 B. 律师事务所
   C. 担保（保险）机构 D. 房地产估价机构
   E. 房地产经纪机构

9. 下列个人住房贷款还款方式中，各期金额相等的是（　　）。
   A. 等额本金方式每期偿还的本金 B. 等额本金方式每期偿还的利息
   C. 等额本息方式每期偿还的本金 D. 等额本息方式每期偿还的利息
   E. 等额本息方式每期偿还的本息

【真题实测答案解析】

1. 【答案】C
【解析】根据贷款性质，个人住房贷款分为商业性个人住房贷款、住房公积金贷款和个人住房组合贷款。
【出处】《房地产经纪综合能力》（第四版）P205～206

2. 【答案】B
【解析】贴息贷款，是指公积金管理中心与有关商业银行合作，对商业银行发放的商业性个人住房贷款，凡符合住房公积金管理中心贴息条件的借款人，由住房公积金管理中心根据借款人可以申请的贴息额度给予利息补贴。
【出处】《房地产经纪综合能力》（第四版）P206

3. 【答案】C
【解析】首付款比例是指个人首付的购房款占所购住房总价的百分比。
【出处】《房地产经纪综合能力》（第四版）P207

4. 【答案】B
【解析】贷款人在为借款人确定还款年限时一般以其年龄和房龄作为基础，年龄越小，其贷款年限越长，年龄越大，贷款年限则较短；房龄越短，其贷款年限越长，房龄越长，贷款年限则较短。

【出处】《房地产经纪综合能力》(第四版) P209

5.【答案】C
【解析】公积金贷款最长期限最长不超过30年。
【出处】《房地产经纪综合能力》(第四版) P213

6.【答案】A
【解析】采用等额本息还款方式,每月还款的数额是固定不变的。
【出处】《房地产经纪综合能力》(第四版) P218

7.【答案】A
【解析】采用等额本息还款方式,每月还款的数额是固定不变的。
【出处】《房地产经纪综合能力》(第四版) P218

8.【答案】BCDE
【解析】在个人住房贷款中,除了贷款人、借款人还有其他参与者,如房地产经纪机构、房地产估价机构、律师事务所、担保(保险)机构和有关政府部门。
【出处】《房地产经纪综合能力》(第四版) P205

9.【答案】AE
【解析】等额本金还款法是在还款期内把贷款数总额等分,每月偿还同等数额的本金和剩余贷款在该月所产生的利息;等额本息还款法每月还款的数额都是一样的。
【出处】《房地产经纪综合能力》(第四版) P215~219

【章节小测】

一、单选题(每题的备选答案中只有1个最符合题意)

1. 在发放贷款时,通常将(   )作为考核借款人还款能力的指标。
   A. 首付比例   B. 贷款额度
   C. 偿还期限   D. 偿还比率

2. 商业性个人住房贷款的贷款利率是指(   )。
   A. 应还款项与本金额的比例
   B. 应还款额与总贷款额的比值
   C. 借款期限内利息数额与本金额的比例
   D. 可借款的限额与应还款额的比值

3. 教师、公务员等收入稳定的工薪阶层,适合(   )还款方式。
   A. 等额本金   B. 等额本息
   C. 双周供   D. 固定利率

4. 将已出租的房地产抵押的,原租赁合同(   )。
   A. 全部无效   B. 部分无效
   C. 效力待定   D. 继续有效

二、多选题(每题的备选答案中有2个或2个以上符合题意)

5. 个人住房贷款参与者中的有关政府部门主要指(   )。
   A. 房地产管理部门   B. 不动产抵押登记部门
   C. 工商局   D. 行业自律组织

E. 国家发展和改革委员会
6. 申请商业性个人住房贷款应当具备的条件有（　　）。
   A. 有足够的现金存款
   B. 具有完全民事行为能力的自然人
   C. 具有合法有效的购房合同
   D. 信用良好
   E. 有贷款人认可的资产做抵押或者质押
7. 关于住房公积金贷款的说法，正确的是（　　）。
   A. 只有参加住房公积金缴存的职工才有资格申请住房公积金贷款，没有参加住房公积金缴存的职工则不能申请
   B. 住房公积金要求在申请贷款之前连续缴存的月份一般不少于6个月
   C. 如配偶一方申请了公积金贷款尚未还清，则另一方可以继续申请住房公积金贷款
   D. 住房公积金贷款对于购买首套住房的最低首付款比例为30%
   E. 住房公积金贷款的最长期限不超过30年

【章节小测答案解析】

1.【答案】D
【解析】在发放贷款时，通常将偿还比率作为考核借款人还款能力的一个指标。
【出处】《房地产经纪综合能力》（第四版）P208
2.【答案】C
【解析】贷款利率是指借款期限内利息数额与本金额的比例。
【出处】《房地产经纪综合能力》（第四版）P208
3.【答案】B
【解析】等额本息还款法每个月还款的数额是固定不变的。
【出处】《房地产经纪综合能力》（第四版）P218
4.【答案】D
【解析】《民法典》规定，抵押权设立前，抵押财产已经出租并转移占有的，原租赁关系不受该抵押权的影响。所谓原租赁关系不受该抵押权的影响，一方面，是指抵押权的设立不影响原租赁关系的存续，承租人仍可基于租赁合同继续占有使用租赁物；另一方面，是指抵押权实现时，只要租赁合同还在合同有效期内，租赁合同对抵押物（同时也是租赁物）受让人继续有效，受让人取得的是有租赁权负担的抵押物。
【出处】《房地产经纪综合能力》（第四版）P221
5.【答案】AB
【解析】有关政府部门主要指办理房屋买卖、抵押合同网签的房地产管理部门，不动产抵押登记部门。
【出处】《房地产经纪综合能力》（第四版）P205
6.【答案】BCDE
【解析】商业性个人住房贷款的申请条件：① 具有完全民事行为能力的自然人；② 在

当地有有效居留身份；③ 有稳定、合法的经济收入，信用良好，具有按时、足额偿还贷款本息的意愿和能力；④ 具有真实合法有效的购买住房的合同或协议；⑤ 以不低于所购买住房全部价款的一定比率作为所购买住房的首期付款；⑥ 有贷款人认可的资产作为抵押质押，或有足够代偿能力的单位或个人作为保证人；⑦ 贷款人规定的其他条件，例如：提供不受当地限购条件限制的证明。

【出处】《房地产经纪综合能力》（第四版）P207

7.【答案】ABE

【解析】如果配偶一方申请的公积金贷款尚未还清，在其未还清贷款本息之前，夫妻双方均不能再获得住房公积金贷款；住房公积金贷款购买首套住房最低首付款比例为20%。

【出处】《房地产经纪综合能力》（第四版）P213

第七章　土地和房屋登记

【章节导引】

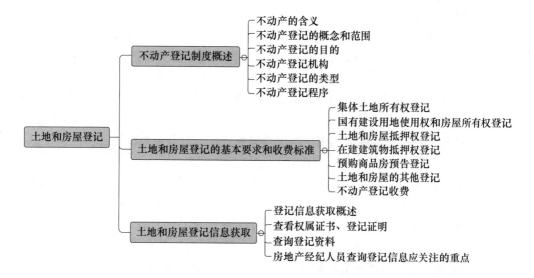

【章节核心知识点】

核心知识点 1：不动产登记的范围

（1）集体土地所有权；
（2）房屋等建筑物、构筑物所有权；
（3）森林、林木所有权；
（4）耕地、林地、草地等土地承包经营权；
（5）建设用地使用权；
（6）宅基地使用权；
（7）海域使用权；
（8）地役权；
（9）抵押权；
（10）法律规定需要登记的其他不动产权利，如《民法典》规定的居住权。

1.（多选题）下列选项中，属于不动产的有（　　）。
　　A. 土地　　　　　　　　　B. 房屋
　　C. 海域　　　　　　　　　D. 林木

E. 汽车

【答案】ABCD

【解析】不动产是指土地、海域以及房屋、林木等定着物。

【出处】《房地产经纪综合能力》（第四版）P224

核心知识点 2：不动产登记的目的

（1）保护不动产权利人的物权。
（2）维护交易安全。
（3）便于国家对不动产登记进行管理、征收赋税和进行宏观调控：
① 做好国土空间规划、城市建设管理工作，就必须了解土地的自然状况，以及房屋的布局、结构、用途等基本情况；
② 不动产登记制度使得国家能够细致全面掌握境内不动产情况，为征收各种赋税服务；
③ 不动产登记的信息能够为国家进行宏观调控，推行各种调控政策提供决策依据。

1. （单选题）以下不属于不动产登记目的的是（　　）。
   A. 保护不动产权利人的物权　　B. 维护交易安全
   C. 杜绝交易风险　　　　　　　D. 便于国家对不动产进行管理和宏观调控

【答案】C

【解析】完全杜绝交易风险太过绝对，只能尽可能规范和调控。

【出处】《房地产经纪综合能力》（第四版）P225～226

核心知识点 3：不动产登记的类型

（1）按照登记的物分类，可分为土地登记，房屋登记、林权登记、海域登记和草原登记。
（2）按照登记的物权分类，可分为不动产所有权登记和不动产他项权利登记；
① 不动产所有权登记：是指不动产登记机构依法将不动产所有权及相关事项在不动产登记簿上予以记载的行为。如发生房屋买卖、互换、赠与、继承、受遗赠、以房屋出资入股，导致房屋所有权发生转移的，当事人应当在有关法律文件生效或者事实发生后申请房屋所有权转移登记。
② 不动产他项权利登记：是指不动产登记机构依法将用益物权和担保物权等他项权利及相关事项在不动产登记簿上予以记载的行为。用益物权登记包括：土地承包经营权登记、建设用地使用权登记、宅基地使用权登记、居住权登记和地役权登记等。不动产担保权登记即抵押权登记。
（3）按照业务类型：
① 首次登记：不动产权利第一次登记，除法律、行政法规另行规定的外，未办理不动产首次登记的，不得办理不动产其他类型登记。

② 变更登记：指不动产物权的权利归属主体不变，而只是不动产登记的其他内容发生变化时进行的登记。

③ 转移登记：指不动产所有权、抵押权等物权发生转移时进行的登记。

④ 注销登记：指因法定原因或约定的原因使已登记的不动产物权归于消灭，或因自然的、人为的原因使不动产本身灭失时进行的一种登记。

⑤ 更正登记：是对原始登记权利的涂销，同时对真正的权力进行登记。《民法典》规定，权利人、利害关系人认为不动产登记簿记载的事项错误的，可以申请更正登记。

⑥ 异议登记：是将事实上的权力人以及利害关系人对不动产登记簿中记载的权利所提出的异议记载于登记簿中，其法律效力是使登记簿所记载权利失去推定正确的效力。

⑦ 预告登记：是指为了确保债权的实现和物权的获得，按照约定向不动产登记机构申请办理的预先登记；最常见的预告登记是预购商品房的预告登记。

⑧ 查封登记：是指不动产登记机构按照人民法院的生效法律文书和协助执行通知书或者有权机关的嘱托，配合人民法院或行政机关对指定不动产在不动产登记簿上予以注记，以限制权利人处分被查封的不动产的行为。

1. （单选题）下列不动产登记业务中，不属于按登记的业务类型分类的是（　　）。
   A. 所有权登记　　　　　　　B. 更正登记
   C. 首次登记　　　　　　　　D. 预告登记

【答案】A

【解析】按照登记的业务类型可分为首次登记、变更登记、转移登记、注销登记、更正登记、异议登记、查封登记和预告登记。按照登记的物权类型可分为所有权和他项权利登记。

【出处】《房地产经纪综合能力》（第四版）P227～232

2. （单选题）预购商品房时应进行的登记是（　　）。
   A. 不动产所有权登记　　　　B. 首次登记
   C. 预告登记　　　　　　　　D. 转移登记

【答案】C

【解析】预告登记是指为了确保债权的实现和物权的获得，按照约定向不动产登记机构申请办理的预先登记。最常见的预告登记是预购商品房的预告登记。

【出处】《房地产经纪综合能力》（第四版）P231

核心知识点4：不动产登记程序

不动产登记程序主要由申请、受理查验、登簿发证。

（1）申请：

① 申请人。申请不动产登记的，申请人或者其代理人应当填写登记申请书，并提交身份证明以及相关申请材料，向不动产登记机构申请不动产登记。不动产登记申请人可以是自然人，也可以是法人或非法人组织。申请人是自然人的，应具备完全民事行为能力。当事人可以委托他人，如委托房地产经纪机构，由房地产经纪专业人员代为申请不动产登

记。委托人应当具有完全民事行为能力。

②申请原则。以共同申请为原则，以单方申请为例外。

③申请人身份证明。法人及其他组织身份证明：境内法人或其他组织：营业执照，或者组织机构代码证等。香港、澳门特别行政区和台湾地区的法人或者其他组织，提交其在境内设立分支机构或者代表机构的批准文件和注册证明。境外法人或者其他组织，提交其在境内设立分支机构或者代表机构的批准文件和注册证明。自然人身份证明：我国境内自然人，有居民身份证，军官证等。

④申请材料。应当提供原件。

（2）受理查验：登记查验、实地查看、公告（公告期不得少于15个工作日）。

（3）登簿发证：

①记入不动产登记簿（记录要求准确、完整、清晰）；

②核发权属证书证明（注销登记、查封登记不颁发证书或证明）；

③登记完成时限（除法律另有规定的外，不动产登记机构应当自受理登记申请之日起30个工作日内办结不动产登记手续）。

备注：不动产权证书有单一版和集成版两个版本，目前主要采用单一版证书。

1. （单选题）下列程序中，不属于不动产登记程序的是（　　）。
   A. 申请　　　　　　　　B. 受理查验
   C. 评估　　　　　　　　D. 登簿发证

【答案】C

【解析】不动产登记程序主要有申请、受理查验、登簿发证。

【出处】《房地产经纪综合能力》（第四版）P232~236

核心知识点 5：不动产登记收费及优惠减免

（1）不动产登记缴费人：不动产登记收费包括不动产登记费和证书工本费。不动产登记费和证书工本费由登记申请人缴纳。按规定需由当事人各方共同申请不动产登记的，由登记为不动产权利人的一方缴纳；不动产抵押权登记，由登记为抵押权人的一方缴纳；不动产为多个权利人共有（用）的，由共有（用）人共同缴纳，具体分摊份额由共有（用）人自行协商。

（2）不动产登记费：

①住宅类不动产登记：不动产登记费收费标准为每件80元。

②非住宅类不动产登记：不动产登记费收费标准为每件550元。

③不动产登记工本费：不动产登记机构按照上述规定收取不动产登记费，核发一本不动产权属证书的不收取证书工本费。向1个以上不动产权利人核发权属证书的，每增加1本证书加收证书工本费10元。

只收取不动产权属证书每本证书10元工本费的情形包括：①单独申请宅基地使用权登记的；②申请宅基地使用权及地上房屋所有权登记的；③夫妻间不动产权利人变更，申请登记的；④因不动产权属证书丢失、损坏等原因申请补发、换发证书的。

不动产登记机构依法核发不动产登记证明，不得收取登记证明工本费。

（3）不动产登记收费优惠减免：

① 按照不动产登记收费标准减半收取登记费，同时不收取第一本不动产权属证书的工本费的情形包括：申请不动产异议登记的；国家法律、法规规定予以减半收取的。

② 免收不动产登记收费，含第一本不动产权属证书的工本费的情形包括：申请与房屋配套的车库、车位、储藏室等登记，不单独核发不动产权属证书的；小微企业（含个体工商户）申请不动产登记的；国家法律、法规规定予以免收的。

③ 对申请办理车库、车位、储藏室不动产登记，单独核发不动产权属证书或登记证明的，不动产登记费减按住宅类不动产登记每件80元收取。

④ 廉租住房、公共租赁住房、经济适用住房和棚户区改造安置住房所有权及其他建设用地使用权办理不动产登记，登记收费标准为0，即不收取不动产登记费。

⑤ 不动产登记机构依法办理不动产查封登记、注销登记、预告登记和因不动产登记机构错误导致的更正登记，不得收取不动产登记费。

1.（单选题）住宅类房屋办理不动产登记的收费标准为每件（　　）。

A. 80元　　　　　　　　　B. 550元
C. 10元　　　　　　　　　D. 450元

【答案】A

【解析】规划用途为住宅的房屋及其建设用地使用权不动产登记事项，不动产登记费收费标准为每件80元。

【出处】《房地产经纪综合能力》（第四版）P243

核心知识点6：登记资料查询

（1）查询人：
① 权利人：可依法查询、复制不动产登记资料。
② 利害关系人：可依法查询、复制不动产登记资料。
③ 权力机构：人民法院、人民检察院、国家安全机关、监察机关等可以依法查询、复制与调查和处理事项有关的不动产登记资料。

（2）不动产登记资料查询：
① 不动产权利人、利害关系人申请查询不动产登记资料，应当提交申请的一般材料包括查询申请书以及不动产权利人、利害关系人的身份证明材料。查询申请书应当包括下列内容：查询主体；查询目的；查询内容；查询结果要求；提交的申请材料清单。
② 不动产的利害关系人申请查询不动产登记结果的，除提交申请的一般材料外，还应当提交下列利害关系证明材料：因买卖、互换、赠予、租赁、抵押不动产构成利害关系的，提交买卖合同、互换合同、赠予合同、租赁合同、抵押合同；因不动产存在相关民事纠纷且已经提起诉讼或者仲裁而构成利害关系的，提交受理案件通知书、仲裁受理通知书。

1.（多选题）不动产权利人查询不动产登记资料时，拥有的权限有（　　）。

A. 查询 B. 调查
C. 复制 D. 修改
E. 删除

【答案】AC

【解析】权利人、利害关系人可以依法查询、复制不动产登记资料，不动产登记机构应当提供。人民法院、人民检察院、国家安全机关、监察机关等可以依法查询、复制与调查和处理事项有关的不动产登记资料。

【出处】《房地产经纪综合能力》（第四版）P247

【真题实测】

一、单选题（每题的备选答案中只有1个最符合题意）

1. 下列不动产中，属于房屋的是（　　）。
   A. 林地 B. 土地
   C. 草地 D. 停车库

2. 下列不动产登记事项中，对应转移登记业务的是（　　）。
   A. 个人自建住房登记 B. 遗赠房地产
   C. 房屋地址变更 D. 设立最高额抵押

3. 利害关系人认为不动产登记簿记载的事项错误的，可以申请（　　）。
   A. 变更登记 B. 更正登记
   C. 转移登记 D. 注销登记

4. 不动产登记程序主要有申请、（　　）和登簿发证。
   A. 提交身份证明 B. 受理查验
   C. 提交利害关系证明材料 D. 提交权利证明材料

5. 利害关系人认为不动产登记簿记载的事项错误，权利人不同意更正的，利害关系人可以申请（　　）。
   A. 异议登记 B. 更正登记
   C. 注销登记 D. 变更登记

6. 不得进行预告登记的是（　　）。
   A. 期房买卖 B. 房地产抵押
   C. 现房买卖 D. 房屋租赁

7. 除法律另有规定外，不动产登记机构应自受理登记之日起（　　）个工作日内办结不动产登记手续。
   A. 3 B. 7
   C. 15 D. 30

8. 房屋所有权人互换房屋的，应申请的不动产登记类型是（　　）。
   A. 首次登记 B. 变更登记
   C. 转移登记 D. 注销登记

9. 办理住宅、非住宅不动产首次登记，登记费分别是每件（　　）。

A. 50元；100元 B. 80元；550元
C. 80元；150元 D. 10元；50元

二、多选题（每题的备选答案中有2个或2个以上符合题意）

10. 下列属于房屋所有权转移的有（　　）。
    A. 互换房屋 B. 翻修房屋
    C. 赠与房屋 D. 买卖房屋
    E. 出租房屋

11. 下列情形中，相关权利人应申请房屋所有权注销登记的有（　　）。
    A. 房屋灭失
    B. 房屋权利转移
    C. 房屋被依法没收
    D. 因人民法院的生效法律文书致使房屋所有权消灭
    E. 房屋所有权人死亡

【真题实测答案解析】

1. 【答案】D
【解析】房屋和土地都属于不动产，不动产是指土地、海域以及房屋、林木等定着物。这里的房屋一般是指有固定基础、固定的界限且有独立使用价值，人工建造的构筑物、建筑物以及特定空间。
【出处】《房地产经纪综合能力》（第四版）P224

2. 【答案】B
【解析】不动产所有权登记是指不动产登记机构依法将不动产所有权相关事项在不动产登记簿上予以记载的行为。如发生房屋买卖、互换、赠与、继承、受遗赠、以房屋出资入股，导致房屋所有权发生转移的，当事人应在有关法律文件生效或者事实行为发生后申请房屋所有权转移登记。
【出处】《房地产经纪综合能力》（第四版）P229～230

3. 【答案】B
【解析】《民法典》规定，权利人、利害关系人认为不动产登记簿记载的事项错误的，可以申请更正登记。
【出处】《房地产经纪综合能力》（第四版）P231

4. 【答案】B
【解析】不动产登记程序主要有申请、受理查验、登簿发证。
【出处】《房地产经纪综合能力》（第四版）P232

5. 【答案】A
【解析】不动产登记簿记载的权利人不同意更正的，利害关系人可以申请异议登记。
【出处】《房地产经纪综合能力》（第四版）P231

6. 【答案】D
【解析】房屋交易合同网签备案涵盖了房屋买卖、抵押和租赁等各种交易类型；预告登记仅适用于物权登记，范围不包括房屋租赁。根据《民法典》的规定，预告登记的前提是当事人签订买卖房屋或者其他不动产物权的协议，为保障将来实现物权，按照约定向不动产登记机构申请预告登记。期房和现房的买卖、抵押中可以进行预告登记，在其他不动产物权如建设用地使用权的转让和抵押中，可以申请预告登记。

【出处】《房地产经纪综合能力》（第四版）P232

7.【答案】D

【解析】除法律另有规定外，不动产登记机构应当自受理登记申请之日起30个工作日内办结不动产登记手续。

【出处】《房地产经纪综合能力》（第四版）P236

8.【答案】C

【解析】房屋所有权人通过买卖等其他合法方式将房屋所有权和国有建设用地使用权转移给他人的主要情形有：买卖房屋、赠与房屋、继承房屋或接受遗赠房屋、互换房屋和用房屋出资等。

【出处】《房地产经纪综合能力》（第四版）P238

9.【答案】B

【解析】办理住宅首次登记的费用是80元，非住宅首次登记的费用是550元。

【出处】《房地产经纪综合能力》（第四版）P243～244

10.【答案】ACD

【解析】不动产所有权登记是指不动产登记机构依法将不动产所有权相关事项在不动产登记簿上予以记载的行为。如发生房屋买卖、互换、赠与、继承、受遗赠、以房屋出资入股，导致房屋所有权发生转移的，当事人应在有关法律文件生效或者事实行为发生后申请房屋所有权转移登记。

【出处】《房地产经纪综合能力》（第四版）P229～230

11.【答案】ACD

【解析】当事人可以申请办理注销登记情形主要有：不动产灭失的；权利人放弃不动产权利的；不动产被依法没收、征收或者收回的；人民法院、仲裁委员会的生效法律文书导致不动产权利消灭的；法律、行政法规规定的其他情形。

【出处】《房地产经纪综合能力》（第四版）P230

【章节小测】

一、单选题（每题的备选答案中只有1个最符合题意）

1. 二手房买卖，俗称的"过户"是指房屋所有权的（　　）登记。
   A. 首次登记　　　　　　　　B. 变更登记
   C. 转移登记　　　　　　　　D. 注销登记

2. 因地震导致发房屋损毁，应当申请房屋所有权的（　　）。
   A. 变更登记　　　　　　　　B. 异议登记
   C. 转移登记　　　　　　　　D. 注销登记

3. 李某认为登记在自己名下的某房屋，不动产登记簿上记载的建筑面积与实际面积不符，可以向不动产登记部门申请（　　）。
   A. 首次登记　　　　　　　　B. 更正登记

C. 转移登记　　　　　　　　　　D. 注销登记

4. 办理不动产登记时，应对申请材料真实性负责的是（　　）。
   A. 申请人　　　　　　　　　　B. 不动产登记查询部门
   C. 房地产经纪人员　　　　　　D. 房地产经纪机构

5. 房屋所有权人查询、复制本人的不动产登记资料，不用提供（　　）。
   A. 查询申请书　　　　　　　　B. 查询目的说明
   C. 身份证明　　　　　　　　　D. 证实利害关系的材料

二、多选题（每题的备选答案中有2个或2个以上符合题意）

6. 不动产登记中，下列按照不动产登记的物分类的是（　　）。
   A. 转移登记　　　　　　　　　B. 土地登记
   C. 首次登记　　　　　　　　　D. 林权登记
   E. 海域登记

7. 不动产登记中，用益物权登记包括（　　）。
   A. 土地承包经营权登记　　　　B. 地役权登记
   C. 抵押权登记　　　　　　　　D. 宅基地使用权登记
   E. 建设用地使用权登记

8. 王某依法取得一幢商品住宅所有权后，下列情形中，应该申请该住宅变更登记的有（　　）。
   A. 王某将该住宅赠与朋友　　　B. 该住宅面积发生变化
   C. 该住宅的界址点发生变化　　D. 经批准该住宅改为经营性用房
   E. 王某将该住宅出租给李某居住

【章节小测答案解析】

1.【答案】C
【解析】转移登记是指不动产所有权、抵押权等物权发生转移时进行的登记。
【出处】《房地产经纪综合能力》（第四版）P230

2.【答案】D
【解析】注销登记是指因法定或约定的原因使已登记的不动产物权归于消灭，或因自然的、人为的原因使不动产本身灭失时进行的一种登记。
【出处】《房地产经纪综合能力》（第四版）P230

3.【答案】B
【解析】更正登记是对原登记权利的涂销，同时对真正权利进行登记。《民法典》规定，权利人、利害关系人认为不动产登记簿记载的事项错误的，可以申请更正登记。
【出处】《房地产经纪综合能力》（第四版）P231

4.【答案】A
【解析】申请人应当对申请材料的真实性负责。申请人提供虚假材料申请登记，给他人造成损害的，应当承担赔偿责任。
【出处】《房地产经纪综合能力》（第四版）P234

5.【答案】D

【解析】不动产权利人、利害关系人申请查询不动产登记资料，应当提交申请的一般材料包括查询申请书以及不动产权利人、利害关系人的身份证明材料。查询申请书应当包括下列内容：① 查询主体；② 查询目的；③ 查询内容；④ 查询结果要求；⑤ 提交的申请材料清单。

【出处】《房地产经纪综合能力》（第四版）P247

6.【答案】BDE

【解析】按照登记的物分类可以分为土地登记、房屋登记、林权登记、海域登记。

【出处】《房地产经纪综合能力》（第四版）P229

7.【答案】ABDE

【解析】不动产用益物权登记包括：土地承包经营权登记、建设用地使用权登记、宅基地使用权登记、居住权登记和地役权登记等。

【出处】《房地产经纪综合能力》（第四版）P230

8.【答案】BCD

【解析】国有建设用地使用权和房屋所有权登记的面积、界址点、房屋用途、土地使用权的权力期限等内容发生变化的，应当申请变更登记。

【出处】《房地产经纪综合能力》（第四版）P238

房地产经纪综合能力模拟卷（一）

一、单项选择题（共80题，每题1分。每题的备选答案中只有1个最符合题意）

1. 下列关于房地产业的说法错误的是（　　）。
   A. 房地产业属于第三产业
   B. 房地产业是为生产和生活服务的部门
   C. 物业管理业属于房地产业
   D. 在房地产开发建设中，房地产业通常是承包单位

2. 房地产经纪活动的客体包括各种类型的房地产，说明房地产经纪服务的客体具有（　　）。
   A. 特殊性			B. 服务性
   C. 多样性			D. 涵盖性

3. 按经纪活动方式分类，经纪不包括（　　）。
   A. 居间			B. 代理
   C. 包销			D. 行纪

4. 元代从事房屋买卖说和的中介，被称为（　　）。
   A. 驵侩			B. 庄宅牙人
   C. 房牙			D. 官牙人

5. 目前，房地产经纪机构的组织形式以（　　）为主。
   A. 个体工商户		B. 合伙企业
   C. 有限责任公司		D. 股份有限公司

6. 在房地产经纪机构的类型中，直营和特许经营模式的最大区别是连锁门店的（　　）不同。
   A. 扩张速度			B. 扩张投入
   C. 投资方			D. 收益

7. 某房地产经纪门店为直营连锁门店，该门店由（　　）投资设立。
   A. 公司总部			B. 门店经理
   C. 区域经理			D. 区域总监

8. 房地产经纪机构领取执照后应向（　　）主管部门备案。
   A. 价格			B. 工商
   C. 房地产			D. 规划

9. 向房地产主管部门备案，是（　　）的义务。
   A. 房地产经纪机构法定代表人		B. 房地产经纪机构门店经理
   C. 房地产经纪人员			D. 房地产经纪机构

10. 房地产经纪机构在经营场所公示有关信息，实质上是一种（　　）行为。
   A. 场所美化　　　　　　　　　B. 装饰装修
   C. 信息告知　　　　　　　　　D. 个性展示

11. 价格部门开设的价格违法行为举报电话是（　　）。
   A. 12580　　　　　　　　　　B. 12345
   C. 12358　　　　　　　　　　D. 12306

12. 房地产交易资金监管包括存量房交易资金监管和（　　）。
   A. 商品房现售资金监管　　　　B. 商品房预售资金监管
   C. 住房公积金监管　　　　　　D. 住房维修资金监管

13. 目前全国房地产经纪信用档案由（　　）建立。
   A. 房地产主管部门　　　　　　B. 人力资源和社会保障部
   C. 工商部门　　　　　　　　　D. 中国房地产估价师与房地产经纪人学会

14. 房地产经纪服务合同应由（　　）签名。
   A. 一名房地产经纪人和一名房地产经纪人协理
   B. 一名房地产经纪人或一名房地产经纪人协理
   C. 一名房地产经纪人和两名房地产经纪人协理
   D. 一名房地产经纪人或两名房地产经纪人协理

15. 张某委托房地产经纪人李某出售房屋，签订了房地产经纪服务合同，李某对外发布房源信息和广告，需要经过（　　）同意。
   A. 门店经理　　　　　　　　　B. 门店经纪人
   C. 委托人　　　　　　　　　　D. 交易相对人

16. 房地产经纪机构未完成房地产经纪服务合同约定的事项，或者服务未达到房地产经纪服务合同约定的标准的（　　）。
   A. 只能收取少量佣金　　　　　B. 可以全额收取佣金
   C. 是否收取佣金和委托人协商而定　　D. 不得收取佣金

17. 两个或两个以上的房地产经纪机构就同一房地产经纪业务展开合作，需要经过（　　）同意。
   A. 当事人　　　　　　　　　　B. 委托人
   C. 经纪人　　　　　　　　　　D. 经纪机构法人

18. 下列申请报考房地产经纪人协理职业资格考试的基本条件中，错误的是（　　）。
   A. 遵守国家法律、法规和行业标准规范
   B. 秉承诚信、公平、公正的基本原则
   C. 初中学历的可以报名经纪人协理职业资格考试
   D. 恪守职业道德

19. 房地产经纪专业人员在从业过程中，保证经纪活动的完整性，不敷衍了事，体现了房地产经纪专业人员的（　　）职业道德。
   A. 遵纪守法　　　　　　　　　B. 规范执业
   C. 诚实守信　　　　　　　　　D. 尽职尽责

20. 独家代理具有（　　）。

A. 担保性 B. 排他性
C. 竞争性 D. 垄断性

21. 下列选项中，人们一般不直接在里面进行生产和生活活动的是（　　）。
 A. 建筑物 B. 构筑物
 C. 厂房 D. 房屋

22. 繁华商业地段经常有"寸土寸金"之说，说明了房地产（　　）的特点。
 A. 价值较大 B. 相互影响
 C. 不可移动 D. 保值增值

23. 房屋建筑结构中，砖混结构的建筑一般在（　　）以下。
 A. 3层 B. 6层
 C. 8层 D. 10层

24. 根据《民用建筑设计统一标准》GB 50352—2019 的规定，普通建筑和构筑物的设计使用年限是（　　）年。
 A. 30 B. 50
 C. 55 D. 60

25. 房屋户型图中房屋朝向一般是"上北下南，左西右东"，并用箭头或指标标注（　　）方向。
 A. 正东 B. 正南
 C. 正西 D. 正北

26. 按照受力情况，墙体可分为（　　）。
 A. 外墙和内墙 B. 纵墙和横墙
 C. 实体墙、空心墙和复合墙 D. 承重墙和非承重墙

27. 可以看出建筑场地内各建筑物的位置的图是（　　）。
 A. 建筑总平面图 B. 专题地图
 C. 地貌图 D. 建筑详图

28. 房产图的测绘是在房产平面控制测量和房产调查完成后，对房屋及其房屋用地状况进行的细部测量，其中，测绘房产分幅图的比例尺一般为（　　）。
 A. 1∶200 B. 1∶300
 C. 1∶500 D. 1∶1000

29. 圈梁是环绕整个建筑物墙体所设置的梁，主要是为了提高建筑整体结构的（　　）。
 A. 兼容性 B. 先进性
 C. 可靠性 D. 稳定性

30. 推拉窗的优点是（　　）。
 A. 开关操作轻便 B. 防水性能好
 C. 封闭性能好 D. 保温隔热性能好

31. 能够标出独立权属地段的界线、编号及土地权属状况的图是（　　）。
 A. 宗地图 B. 地籍图
 C. 房产图 D. 地形图

32. 在房屋面积的计算中，房屋套内建筑面积由套内房屋使用面积、套内墙体面积和（　　）组成。
    A．分摊共有的建筑面积　　　　B．套内厨房建筑面积
    C．套内阳台建筑面积　　　　　D．套内卫生间建筑面积

33. 适用于室外给水管网中压力低于或周期性低于建筑内部给水管网所需水压的供水方式是（　　）。
    A．直接供水方式
    B．设水箱、变频调速装置、水泵联合工作的给水方式
    C．设置水泵、水箱的供水方式
    D．分区、分压供水方式

34. 房地产损毁、灭失的风险在交付之前由（　　）承担。
    A．出卖人　　　　　　　　　B．买受人
    C．中间人　　　　　　　　　D．代理人

35. 限制民事行为能力人实施的民事法律行为在被法定代理人追认前，属于（　　）。
    A．有效的法律行为　　　　　B．无效的法律行为
    C．效力未定的法律行为　　　D．有权撤销的法律行为

36. 格式条款和非格式条款不一致时，应当采用（　　）。
    A．格式条款　　　　　　　　B．非格式条款
    C．重新签订的条款　　　　　D．法院认定的条款

37. 张某在生病期间，儿子已经去世，其儿媳尽了主要赡养义务，张某去世后，未留下任何遗嘱，按照法定继承规定张某儿媳（　　）继承财产。
    A．无权继承　　　　　　　　B．作为第一顺序继承人
    C．作为第二顺序继承人　　　D．由第一顺序继承人决定

38. 下列行为中，报告订约的机会或提供媒介联系的是（　　）。
    A．居间服务行为　　　　　　B．代理服务行为
    C．行纪服务行为　　　　　　D．包销服务行为

39. 行为人与相对人以虚假的意思表示实施的合同，属于（　　）。
    A．有效合同　　　　　　　　B．无效合同
    C．效力未定的合同　　　　　D．可撤销的合同

40. 不动产担保物权主要是（　　）。
    A．租赁权　　　　　　　　　B．抵押权
    C．地役权　　　　　　　　　D．用益物权

41. 要求物权的产生、变更、消灭，必须以一定的可以从外部察知的方式表示出来是物权变动原则的（　　）。
    A．公示原则　　　　　　　　B．公平原则
    C．公信原则　　　　　　　　D．公开原则

42. 王某去世以后，有两套遗嘱未处分的房产，在法定继承顺序中（　　）可以优先继承。
    A．王某的哥哥　　　　　　　B．王某的养女

C. 王某的朋友　　　　　　　　D. 王某的侄子
43. 民事法律行为也称为"法律行为"，不包括（　　）。
　　A. 合法的法律行为　　　　　　B. 无效法律行为
　　C. 效力待定的法律行为　　　　D. 不可撤销的法律行为
44. 不动产物权登记自（　　）发生效力。
　　A. 依法申请登记　　　　　　　B. 登记机构办理
　　C. 记载于不动产登记簿　　　　D. 核发不动产权证书
45. 在住房租赁市场中，俗称的"二房东"存在于（　　）。
　　A. 自住租赁市场　　　　　　　B. 转租租赁市场
　　C. 短租租赁市场　　　　　　　D. 长租租赁市场
46. 在房地产市场中，影响租金的因素是（　　）。
　　A. 区位状况　　　　　　　　　B. 租金的支付方式
　　C. 房价因素　　　　　　　　　D. 房屋的共有情况
47. 与分期支付租金相比，一次性支付的租金会（　　）。
　　A. 低　　　　　　　　　　　　B. 高
　　C. 一样　　　　　　　　　　　D. 视情况而定
48. 出租房屋行为应缴纳的税不包括（　　）。
　　A. 增值税　　　　　　　　　　B. 个人所得税
　　C. 契税　　　　　　　　　　　D. 房产税
49. 个人出租住房的房产税税率为（　　）。
　　A. 3%　　　　　　　　　　　　B. 4%
　　C. 5%　　　　　　　　　　　　D. 12%
50. 沿建筑物长轴方向布置的墙称为（　　）。
　　A. 横墙　　　　　　　　　　　B. 山墙
　　C. 隔墙　　　　　　　　　　　D. 纵墙
51. 保证房地产经纪业务操作规范的重要措施是（　　）。
　　A. 进行风险转移　　　　　　　B. 门店责任人培训
　　C. 对外承诺标准化　　　　　　D. 建立监察稽核体系
52. 房地产经纪专业人员职业资格证书初始登记、延续登记的有效期是（　　）年。
　　A. 1　　　　　　　　　　　　　B. 3
　　C. 5　　　　　　　　　　　　　D. 6
53. 目前我国房地产经纪机构大多数是（　　）。
　　A. 中资公司　　　　　　　　　B. 独资公司
　　C. 中外合资公司　　　　　　　D. 中外合作企业
54. 已经发生过一次或多次产权转移的房地产交易市场是（　　）。
　　A. 存量房市场　　　　　　　　B. 新房市场
　　C. 增量房市场　　　　　　　　D. 租赁房市场
55. 按照交易时房地产的开发建设状态分类，房地产市场分为（　　）。
　　A. 现房市场和期房市场　　　　B. 现房市场和存量房市场

C. 期房市场和存量房市场　　　　D. 期房市场和居住房地产市场

56. 房屋买卖市场不能实现完全竞争的最主要原因，是因为其具有（　　）的特性。
   A. 独一无二　　　　　　　　　B. 不可移动
   C. 供给有限　　　　　　　　　D. 难以变现

57. 居民所使用的公有住房，按房改政策可分为（　　）。
   A. 可售公有住房和预售公有住房
   B. 不可售公有住房和预售公有住房
   C. 可售公有住房和不可售公有住房
   D. 可售公有住房、不可售公有住房和预售公有住房

58. 存量房买卖中，卖方是有限责任公司、股份有限公司的，需要提供（　　）。
   A. 国有资产管理部门的批准文件
   B. 职工代表大会的批准文件
   C. 股东会议决议
   D. 公司董事会、股东会决议或公司章程等书面文件

59. 下列商品房销售行为中，错误的是（　　）。
   A. 由于供小于求，房地产开发企业销售商品房，可向买受人收预定款
   B. 商品房按套销售，不可分割拆零销售
   C. 商品房销售严格采用购房实名制
   D. 房地产广告发布的房源信息应当真实

60. 市政府为解决中低收入家庭的住房困难，在出让商品住房用地时，提出限制开发完成后的商品房价格及套型（面积）要求的住房是（　　）。
   A. 经济适用房　　　　　　　　B. 公有住房
   C. 限价商品房　　　　　　　　D. 普通商品住房

61. 房地产价格的影响因素中，教育、医院、购物中心属于（　　）。
   A. 社会因素　　　　　　　　　B. 交通因素
   C. 外部配套设施因素　　　　　D. 周围环境和景观因素

62. 经济发展、居民收入对房地产价格的影响因素是（　　）。
   A. 社会因素　　　　　　　　　B. 经济因素
   C. 行政因素　　　　　　　　　D. 人口因素

63. 张某在某房地产经纪机构网站上以580万元的价格发布其一套房屋的出售信息，这个价格指的是（　　）。
   A. 心理价　　　　　　　　　　B. 成交价
   C. 挂牌价　　　　　　　　　　D. 贷款评估价

64. 按照房屋登记收费的标准，住宅登记收费标准是每件（　　）。
   A. 10元　　　　　　　　　　　B. 30元
   C. 50元　　　　　　　　　　　D. 80元

65. 个人住房贷款是以住房抵押为前提条件发生的（　　）关系。
   A. 资金转移　　　　　　　　　B. 资金借贷
   C. 资金流转　　　　　　　　　D. 信用透支

66. 个人住房贷款期限最长为（　　）。
    A. 20 年   B. 30 年
    C. 40 年   D. 50 年

67. 采用等额本金还款法时，各期还款金额（　　）。
    A. 一样   B. 依次递增
    C. 依次递减   D. 波动较大

68. 住房公积金贷款购买首套自住房最低首付款比例为（　　）。
    A. 10%   B. 20%
    C. 30%   D. 40%

69. 住房公积金管理中心贷款审批的期限是自受理申请之日起（　　）。
    A. 10 日内   B. 15 日内
    C. 20 日内   D. 30 日内

70. 下列财产可以抵押的是（　　）。
    A. 被查封的住宅   B. 自住的住宅
    C. 医院门诊大楼   D. 土地所有权

71. 为担保债务的履行，债务人或者第三人不转移房地产的占有，将该房地产抵押给债权人的行为，称为（　　）。
    A. 一般房地产抵押   B. 在建建筑物抵押
    C. 预购商品房贷款抵押   D. 最高额抵押

72. 王某将自住房屋改造成商业用房，这时王某应进行的登记是（　　）。
    A. 变更登记   B. 更正登记
    C. 转移登记   D. 注销登记

73. 在不动产登记的类型中，异议登记申请的有效期是（　　）。
    A. 10 日   B. 15 日
    C. 20 日   D. 30 日

74. 不动产登记费计价单位为（　　）。
    A. 面积   B. 体积
    C. 价款的比例   D. 件

75. 按照房地产的档次，房地产市场可以分为（　　）。
    A. 高档房地产市场、中档房地产市场和普通商品住房市场
    B. 高档房地产市场、中档房地产市场和低档房地产市场
    C. 居住房地产市场、别墅市场和高级公寓市场
    D. 别墅市场、高级公寓市场和普通商品住房市场

76. 成套房屋的建筑面积通常是指（　　）。
    A. 分户建筑面积   B. 分区建筑面积
    C. 分单元建筑面积   D. 分幢建筑面积

77. 在各类窗户的使用中，便于经常擦洗，保持洁净的窗户是（　　）。
    A. 外平开窗   B. 内平开窗
    C. 推拉窗   D. 平开上悬窗

78. 在建筑图纸中，承重墙一般用（　　）标注。
   A. 较长的线　　　　　　　　B. 较短的线
   C. 较粗的线　　　　　　　　D. 较细的线

79. 房屋套内全部可供使用的空间面积，按房屋内墙面水平投影计算的面积是（　　）。
   A. 总面积　　　　　　　　　B. 建筑面积
   C. 套内建筑面积　　　　　　D. 套内使用面积

80. 关于"订金"的说法正确的是（　　）。
   A. 具有排他性　　　　　　　B. 具有担保性
   C. 相当于意向金　　　　　　D. 发生违约不可以退还

二、多项选择题（共20题，每题2分，每题备选答案中有2个或2个以上符合题意。错选不得分，少选且正确，每个选项得0.5分）

81. 下列关于房地产经纪的说法，正确的有（　　）。
   A. 房地产经纪是房地产市场的润滑剂
   B. 是知识密集和劳动密集的行业
   C. 活动主体是房地产经纪机构和房地产经纪人员
   D. 通过房地产经纪，有助于保障房地产交易安全
   E. 作为一种活动，是交易的主体活动

82. 新中国成立之后我国房地产经纪行业的发展（　　）。
   A. 建立了全国房地产经纪人员职业资格制度
   B. 开通了房地产经纪信用档案系统
   C. 信息整合、开发与利用能级大大提高
   D. 行业知识和技术密集程度提高
   E. 建立全国房地产经纪行业组织

83. 关于业务承接规范中，应书面告知的事项有（　　）。
   A. 是否与委托房屋有利害关系　　B. 委托房屋的市场参考价格
   C. 房屋交易程序及可能存在的风险　D. 经纪服务完成的时间
   E. 经纪服务完成的标准

84. 房地产经纪机构发布的房屋出售广告中，不符合规定的有（　　）。
   A. 南北朝向　　　　　　　　B. 房屋面积 $80m^2$
   C. 升值空间大　　　　　　　D. 距离某大型商场10分钟路程
   E. 三年内通地铁

85. 在房屋买卖中，房地产经纪机构的作用主要有（　　）。
   A. 提供房源和客源信息　　　B. 提供房地产评估
   C. 代办贷款、登记手续　　　D. 协助房屋交验
   E. 协助订立买卖合同

86. 下列选项中，属于构筑物的是（　　）。
   A. 水井　　　　　　　　　　B. 道路
   C. 桥梁　　　　　　　　　　D. 地下室

E. 水塔

87. 下列房地产是按照用途分类的是（　　）。
   A. 办公房地产　　　　　　　　B. 餐饮房地产
   C. 农业房地产　　　　　　　　D. 旅馆房地产
   E. 在建工程

88. 下列选项中，影响得房率大小的是（　　）。
   A. 建筑结构　　　　　　　　　B. 建筑形式
   C. 地区温差　　　　　　　　　D. 楼层高低
   E. 墙体材料

89. 民事法律关系的要素是指（　　）。
   A. 民事法律关系的主体　　　　B. 民事法律关系的客体
   C. 民事法律关系的内容　　　　D. 民事法律关系的核心
   E. 民事法律关系的结果

90. 下列属于房屋所有权转移的有（　　）。
   A. 互换房屋　　　　　　　　　B. 翻修房屋
   C. 赠与房屋　　　　　　　　　D. 买卖房屋
   E. 出租房屋

91. 下列房地产行为中，需要登记才发生物权效力的是（　　）。
   A. 房地产买卖　　　　　　　　B. 房地产交换
   C. 房地产赠与　　　　　　　　D. 房地产继承
   E. 受遗赠取得的房地产

92. 房屋租赁合同的主要内容包括（　　）。
   A. 当事人的姓名和住所　　　　B. 当事人的收入状况
   C. 标的物　　　　　　　　　　D. 租金数额
   E. 租赁期限

93. 房屋建筑构造的组成部分包括（　　）。
   A. 基础　　　　　　　　　　　B. 地基
   C. 墙体　　　　　　　　　　　D. 屋顶
   E. 楼梯

94. 《商品房销售管理办法》中规定，商品房销售可以按（　　）计价。
   A. 套　　　　　　　　　　　　B. 栋
   C. 排　　　　　　　　　　　　D. 套内建筑面积
   E. 建筑面积

95. 赵某夫妇想出售儿子小明名下的一套房产，赵某夫妇需要先写一份保证其有监护人资格和出售房屋为了保护小明利益的保证书，才能办理房屋所有权转移登记手续，办理房屋所有权转移手续时，除提交正常的房屋交易登记资料外，还需要提供（　　）。
   A. 小明的户口簿或身份证　　　B. 小明的监护关系材料
   C. 赵某夫妇的结婚证　　　　　D. 赵某夫妇的身份证件
   E. 为监护人利益的保证书

96. 房地产经纪人员为买方提供咨询建议的做法，正确的有（   ）。
    A. 判断整体房地产市场走势　　　B. 调查拟购买房地产所在区域的价格
    C. 对拟交易房地产价格进行调整　　D. 确定谈判空间
    E. 预留议价空间，确定最低价格

97. 我国房地产经纪行业已建立的制度包括（   ）。
    A. 全国房地产经纪专业人员职业资格制度
    B. 房地产经纪行业专业人员职业保险制度
    C. 房地产交易资金监管制度
    D. 房源全部实行独家代理制度
    E. 佣金由行业组织统一收取制度

98. 下列需求类型中，属于房地产需求的是（   ）。
    A. 刚性需求　　　　　　　　　　B. 改善性需求
    C. 投机性需求　　　　　　　　　D. 投资性需求
    E. 建设需求

99. 房屋使用权转移给他人的情形有（   ）。
    A. 买卖　　　　　　　　　　　　B. 赠与
    C. 继承　　　　　　　　　　　　D. 出租
    E. 互换

100. 不动产物权生效的情形包括（   ）。
    A. 登记生效　　　　　　　　　　B. 基于事实行为等情形生效
    C. 基于合同生效　　　　　　　　D. 变更生效
    E. 法定生效

房地产经纪综合能力模拟卷（二）

一、单项选择题（共80题，每题1分。每题的备选答案中只有1个最符合题意）

1. 在国民经济产业分类中，房地产业属于（　　）。
   A. 第一产业　　　　　　　　B. 第二产业
   C. 第三产业　　　　　　　　D. 第四产业

2. 下列行业中，为促进房地产市场健康发展、保障房地产交易安全、节约房地产交易成本起着重要作用的是（　　）。
   A. 房地产开发经营业　　　　B. 物业管理业
   C. 房地产中介服务业　　　　D. 房地产租赁经营业

3. 房地产经纪服务报酬的形式是（　　）。
   A. 佣金　　　　　　　　　　B. 差价
   C. 信息费　　　　　　　　　D. 回扣

4. 我国起源最早的房地产经纪方式是（　　）。
   A. 房地产居间　　　　　　　B. 房地产代理
   C. 房地产抵押　　　　　　　D. 房地产委托

5. 汉代对经纪人的专业称谓是（　　）。
   A. 驵侩　　　　　　　　　　B. 庄宅牙人
   C. 房牙　　　　　　　　　　D. 官牙人

6. 下列关于房地产经纪作用的说法，正确的是（　　）。
   A. 增加财政税收　　　　　　B. 提高交易效率
   C. 促使房地产价格下降　　　D. 促使房地产交易更为频繁

7. 依法承担确认各类经营者的主体资格，监督管理或参与监督管理各类市场的部门是（　　）。
   A. 住房和城乡建设部门　　　B. 人力资源和社会保障部门
   C. 市场监督主管部门　　　　D. 经纪行业组织

8. 某房地产经纪机构的连锁门店中既有直营门店也有特许加盟的门店，则这家机构就是（　　）的房地产经纪机构。
   A. 直营模式　　　　　　　　B. 特许经营加盟
   C. 混合模式　　　　　　　　D. 参股合营

9. 房地产经纪经营模式中特许经营模式和混合模式相同的特点是（　　）。
   A. 扩张速度　　　　　　　　B. 扩张投入
   C. 收益　　　　　　　　　　D. 管控较难

10. 由公司总部直接投资经营，管理多个经纪门店的经营形态，称为（　　）。

A. 加盟模式 B. 直营模式
C. 特许经营模式 D. 参股模式

11. 根据《城市房地产管理法》，房地产经纪机构属于（　　）。
A. 房地产中介服务机构 B. 房地产开发企业
C. 物业服务业 D. 房地产咨询机构

12. 所有权人同张某于2016年1月签订了租赁合同，未办理备案，又同李某于2016年2月签订了租赁合同，并办理了备案，房屋未办理交接，则在通过司法诉讼解决纠纷时（　　）。
A. 李某合同优先 B. 张某合同优先
C. 两份合同具有同等效力 D. 两份合同效力待定

13. 商品房销售明码标价实行（　　）。
A. 一幢一标 B. 一房一标
C. 一栋一标 D. 一间一标

14. 房地产经纪业务应由（　　）统一承接。
A. 房地产经纪人协理 B. 房地产经纪人
C. 高级房地产经纪人 D. 房地产经纪机构

15. 下列房屋中，不得发布销售广告的是（　　）。
A. 被司法机关查封的房屋 B. 已出租的房屋
C. 已批准预售的商品住房 D. 已竣工验收合格的房屋

16. 房地产经纪人员有义务向交易相对人或交易相对人的代理人披露佣金的安排是（　　）的房地产经纪业务。
A. 单边代理 B. 双边代理
C. 独家代理 D. 多家代理

17. 下列房地产经纪服务行为中，符合房地产经纪服务收费要求的是（　　）。
A. 房地产经纪服务未实行明码标价
B. 房地产经纪机构收取未予标明的费用
C. 房地产经纪机构实行强制捆绑收费
D. 房地产经纪机构未完成房地产经纪服务合同约定事项的，不能收取佣金

18. 我国现行房地产经纪专业人员职业资格分为房地产经纪人协理、房地产经纪人和（　　）。
A. 高级房地产经纪人协理 B. 中级房地产经纪人协理
C. 中级房地产经纪人 D. 高级房地产经纪人

19. 下列影响房屋租金的因素中，属于权益因素的是（　　）。
A. 房屋位置好坏 B. 房屋得房率高低
C. 房屋是否为新装修 D. 房屋产权有无纠纷

20. 风险防范的第一步是（　　）。
A. 提高风险识别能力 B. 合理分配权限
C. 规范档案与印章管理 D. 制定标准的对外承诺文本

21. 房地产价格千差万别，说明了房地产（　　）的特点。

A. 寿命长久 B. 独一无二
C. 不可移动 D. 易受限制

22. 具有完善的城市基础设施且场地平整,可以直接在进行房屋建设的土地是(   )。

A. 生地 B. 毛地
C. 熟地 D. 现房

23. 上下两层楼面或楼面与地面之间的垂直距离是(   )。

A. 标高 B. 层高
C. 净高 D. 绝对标高

24. 根据《民用建筑设计统一标准》GB 50352—2019 的规定,临时性建筑使用年限为(   )。

A. 3 年 B. 5 年
C. 10 年 D. 15 年

25. 呈独立的块状,形式有台阶形、锥形、杯形的基础是(   )。

A. 条形基础 B. 独立基础
C. 箱形基础 D. 筏板基础

26. 对于抵抗地震荷载极为有利的基础是(   )。

A. 条形基础 B. 独立基础
C. 箱形基础 D. 筏板基础

27. 目前,由于价格相对较高,主要用于高档住宅的窗户是(   )。

A. 推拉窗 B. 内平开窗
C. 外平开窗 D. 平开上悬窗

28. 以产权登记户为单位绘制,作为不动产权证附图的是(   )。

A. 房产分幅图 B. 房产分丘图
C. 房产分户图 D. 房屋户型图

29. 根据《房产测量规范》GB/T 17986—2000,计算建筑面积的房屋,其层高应不低于(   )m。

A. 2.00 B. 2.20
C. 2.80 D. 3.00

30. 根据《房产测量规范》GB/T 17986—2000,未封闭的阳台按其围护结构外围水平投影面积的(   )计算建筑面积。

A. 三分之一 B. 一半
C. 三分之二 D. 全部

31. 中速电梯的速度为(   )m/s。

A. 1.5~2.0 B. 1.5~2.5
C. 1.5~3.0 D. 1.5~3.5

32. 在商品房预(销)售和房屋登记工作中,房屋面积的计算按照(   )执行。

A.《住宅设计规范》 B.《房产测量规范》
C.《住宅设计规定》 D.《房产测量规定》

33．出租房屋行为应缴纳的税不包括（   ）。
　　A．增值税　　　　　　　　　　B．个人所得税
　　C．契税　　　　　　　　　　　D．房产税
34．8周岁以上不能辨认自己行为的未成年人为（   ）。
　　A．完全民事行为能力人　　　　B．限制民事行为能力人
　　C．无民事行为能力人　　　　　D．半民事行为能力人
35．以发生债权债务为其效力的行为是（   ）。
　　A．有因行为　　　　　　　　　B．无因行为
　　C．负担行为　　　　　　　　　D．处分行为
36．订立房屋租赁合同，当事人应具有相应的（   ）。
　　A．家庭地位，为一家之主　　　B．年龄要求，不超过65周岁
　　C．民事行为能力　　　　　　　D．行动能力
37．合同中的免责条款，无效的是（   ）。
　　A．因重大过失造成损失　　　　B．不可抗力造成损失
　　C．违约造成损失　　　　　　　D．合理损耗造成损失
38．《民法总则》规定一般诉讼时效期间为（   ）。
　　A．1年　　　　　　　　　　　　B．2年
　　C．3年　　　　　　　　　　　　D．5年
39．下列不属于合同的担保的是（   ）。
　　A．保全　　　　　　　　　　　B．保证
　　C．留置　　　　　　　　　　　D．定金
40．采取特定形式才能成立的合同被称为（   ）。
　　A．要式合同　　　　　　　　　B．有名合同
　　C．诺成合同　　　　　　　　　D．有因合同
41．不动产物权的抛弃，需要办理（   ）才发生效力。
　　A．首次登记　　　　　　　　　B．转移登记
　　C．更正登记　　　　　　　　　D．注销登记
42．法律行为的核心要素是（   ）。
　　A．行为表示　　　　　　　　　B．行为结果
　　C．意思表示　　　　　　　　　D．权利表示
43．继承取得的不动产，物权自（   ）发生效力。
　　A．依法申请登记　　　　　　　B．继承事实发生时
　　C．记载于不动产登记簿　　　　D．核发不动产权证书
44．下列不属于合同纠纷解决方式的是（   ）。
　　A．自行协商解决　　　　　　　B．申请调解
　　C．仲裁　　　　　　　　　　　D．委托他人调查取证
45．人口流动频繁，工作地点变化更为简单，导致了房屋租赁市场的（   ）。
　　A．租赁价格相对稳定　　　　　B．季节性变化明显
　　C．交易更为频繁　　　　　　　D．属地区性市场

46. 房屋所有权人张某与承租人李某签订了房屋租赁合同，合同约定房屋的租赁期为30年。该房屋租赁合同约定的租赁期的效力为（　　）。
    A．有效 B．无效
    C．不明 D．20年内有效，超过20年的部分无效

47．《增值税暂行条例》规定，纳税人销售不动产，增值税的税率为（　　）。
    A．0 B．3%
    C．9% D．11%

48．王某在2009年4月出租了一套住房，他应按出租住房取得的所得的（　　）征收个人所得税。
    A．5% B．10%
    C．12% D．20%

49．能够充分反映自然地貌，而且把经过人工改造的环境也比较详尽地反映在图纸上的图是（　　）。
    A．宗地图 B．地形图
    C．房产图 D．建筑详图

50．实行对外承诺标准化的关键是（　　）。
    A．制定标准的对外承诺文本 B．展示标准化文本
    C．权限的控制与分配 D．规范档案与印章管理

51．保证房地产经纪行业或机构服务品质，保持或提醒房地产经纪行业或机构的社会形象的重要手段是（　　）。
    A．遵纪守法 B．规范执业
    C．诚实守信 D．尽职尽责

52．房地产经纪专业人员职业资格证书实行（　　）服务制度。
    A．登记 B．备案
    C．注册 D．审批

53．房地产代理属于（　　）。
    A．独家代理 B．多家代理
    C．商事代理 D．委托代理

54．按照房地产的用途分类，房地产市场分为（　　）。
    A．短租租赁市场和长租租赁市场 B．自用租赁市场和转租租赁市场
    C．居住房地产市场和商业房地产市场 D．居住房地产市场和非居住房地产市场

55．全国性的房地产经纪行业自律组织是（　　）。
    A．行政主管部门 B．中国房地产估价师与房地产经纪人学会
    C．中国房地产经纪人学会 D．住房和城乡建设部

56．由于房地产寿命长久、供给有限，市场容易出现投机。这体现了房地产市场具有（　　）的特点。
    A．垄断竞争性 B．完全竞争性
    C．周期性 D．易于形成泡沫

57．按份共有人处分共有房屋时（　　）。

A. 须经全体共有人同意 B. 须经占份额的 1/3 以上按份共有人同意
C. 须 2/3 以上按份共有人同意 D. 须经占份额的 2/3 以上按份共有人同意

58. 城市维护建设税的计税依据是（   ）。
    A. 消费税额 B. 增值税额
    C. 消费税、增值税税额 D. 销售额

59. 出卖人出卖已出租的房屋，履行通知义务后，承租人在（   ）内未明确表示购买的，视为承租人放弃优先购买权。
    A. 10 日 B. 15 日
    C. 20 日 D. 30 日

60. 按照合理标准建设，面向城市低收入住房困难家庭供应，具有保障性质的政策性住房是（   ）。
    A. 经济适用房 B. 公有住房
    C. 限价商品房 D. 普通商品住房

61. 如果卖方不能亲自办理房屋出售，可以授权委托他人代理，一般要求代理人持（   ）才能代为签订房屋买卖合同和办理不动产登记。
    A. 授权书 B. 授权委托书
    C. 经公证的授权委托书 D. 经公证的授权书

62. 新建商品房销售方式是（   ）。
    A. 开发企业自行销售
    B. 开发企业找代理销售
    C. 通过经纪机构代理销售
    D. 开发企业自行销售和通过房地产经纪机构代理销售

63. 下列对影响房地产市场需求基本因素的描述，不正确的是（   ）。
    A. 房地产的开发建设成本 B. 房地产的价格水平
    C. 消费者的收入水平 D. 消费者的偏好

64. 人口数量的增加对房地产价格的影响因素是（   ）。
    A. 社会因素 B. 经济因素
    C. 行政因素 D. 人口因素

65. 住房租赁市场随春节后务工人员返城、大学生毕业等市场需求量加大，体现了房屋租赁市场具有（   ）特点。
    A. 租赁价格相对稳定 B. 季节性变化明显
    C. 交易更为频繁 D. 属地区性市场

66. 承租人未经出租人书面同意转租的，出租人可以（   ）房屋租赁合同。
    A. 收回 B. 解除
    C. 废止 D. 撤销

67. 个人住房组合贷款是指（   ）。
    A. "商转公"业务 B. "转按揭"贷款
    C. 贴息贷款 D. 公积金贷款和商业贷款组合

68. 限制民事行为能力人实施的民事法律行为在被法定代理人追认前，属于（   ）。

A. 有效的法律行为 B. 无效的法律行为
C. 效力未定的法律行为 D. 有权撤销的法律行为

69. 公积金贷款期限最长不超过（　　）。
A. 20年 B. 25年
C. 30年 D. 35年

70. 抵押权的核心内容在于（　　）。
A. 取得抵押物的交换价值 B. 取得抵押物的使用价值
C. 转移占有权 D. 转移收益权

71. 为担保债务的履行，债务人或者第三人对一定期间内将要连续发生的债权用房地产提供担保的行为，称为（　　）。
A. 一般房地产抵押 B. 在建建筑物抵押
C. 预购商品房贷款抵押 D. 最高额抵押

72. 下列行为不能办理不动产转移登记的是（　　）。
A. 房屋买卖 B. 房屋赠与
C. 房屋继承 D. 房屋面积发生变化

73. 可以本人申请不动产登记的是（　　）。
A. 14岁的王某 B. 患有精神疾病的张某
C. 在国企上班的李某 D. 失去民事行为能力的赵某

74. 下列登记中不颁发证书或证明的是（　　）。
A. 抵押权登记 B. 预告登记
C. 注销登记 D. 转移登记

75. 不可以查询不动产登记资料的是（　　）。
A. 权利人 B. 利害关系人
C. 房地产经纪人员 D. 有关国家机关

76. 以发生债权债务为其效力的行为是（　　）。
A. 有因行为 B. 无因行为
C. 负担行为 D. 处分行为

77. 对结构安全起着最重要作用的墙是（　　）。
A. 隔墙 B. 横墙
C. 承重墙 D. 非承重墙

78. 下列属于房地产经纪机构风险识别切入点的是（　　）。
A. 坏账管理 B. 统一合同文本
C. 建立监察稽核体系 D. 加强培训

79. 房屋买卖活动中，房地产经纪机构可获得（　　）。
A. 合理的佣金 B. 买卖差价
C. 房屋公证费 D. 房屋价格评估费

80. 下列关于房地产业的说法错误的是（　　）。
A. 房地产业属于第三产业
B. 房地产业是为生产和生活服务的部门

C. 物业管理业属于房地产业

D. 在房地产开发建设中，房地产业通常是承包单位

二、多项选择题（共20题，每题2分，每题备选答案中有2个或2个以上符合题意。错选不得分，少选且正确，每个选项得0.5分）

81. 房地产经纪活动的主要客体有（　　）。

  A. 新建商品房　　　　　　B. 二手住房

  C. 农业用地　　　　　　　D. 房地产开发用地

  E. 商业用房

82. 房地产经纪机构按照组织形式划分，可以分为（　　）。

  A. 公司　　　　　　　　　B. 合伙企业

  C. 中资企业　　　　　　　D. 个体工商户

  E. 独资企业

83. 房地产经纪信用档案包括（　　）。

  A. 全国房地产经纪信用档案　　　　B. 省级房地产经纪信用档案

  C. 县级房地产经纪信用档案　　　　D. 市级房地产经纪信用档案

  E. 区级房地产经纪信用档案

84. 根据交易类型，房屋交易的一般程序包括（　　）。

  A. 买卖程序　　　　　　　B. 租赁程序

  C. 抵押程序　　　　　　　D. 登记程序

  E. 代办程序

85. 房地产经纪机构和房地产经纪人员为了迎合委托人，为规避房屋交易税费等非法目的，协助当事人就同一房屋签订不同交易价款的"阴阳合同"。这种违法行为的罚则是（　　）。

  A. 主管部门责令限期改正，记入信用档案

  B. 对经纪人处以1万元以上2万元以下罚款

  C. 对经纪机构处以3万元罚款

  D. 对经纪人没有罚则，只处罚经纪机构

  E. 取消经纪机构网上签约资格

86. 钢结构建筑的特点有（　　）。

  A. 抗震性能好　　　　　　B. 耐腐蚀性好

  C. 耐火性能好　　　　　　D. 使用寿命短

  E. 使用成本高

87. "三通一平"具体是指（　　）。

  A. 通水　　　　　　　　　B. 通路

  C. 通信　　　　　　　　　D. 场地平整

  E. 通电

88. 为减少墙体宽度，提高得房率，外墙在不降低保温效果前提下可采用（　　）。

  A. 保温复合墙　　　　　　B. 夹芯墙

  C. 轻骨架隔墙　　　　　　D. 板材隔墙

E. 砖墙

89. 下列物权消灭的原因中，属于因民事法律行为的原因而消灭的是（　　）。
    A. 标的物灭失　　　　　　　　B. 法定期限届满
    C. 合同期间届满　　　　　　　D. 撤销权行使
    E. 他物权抛弃

90. 下列属于用益物权的是（　　）。
    A. 抵押权　　　　　　　　　　B. 建设用地使用权
    C. 居住权　　　　　　　　　　D. 建筑物区分所有权
    E. 地役权

91. 王某将住房出售给李某，双方在房屋买卖合同中对定金进行了约定，该定金收回，赔付的规则有（　　）。
    A. 不论谁违约，定金均可收回，并依法承担违约责任
    B. 李某违约，需再支付与定金相同数额的款项给王某
    C. 李某违约，定金不可收回
    D. 王某违约，应双倍退还定金
    E. 王某违约，应退还一半定金

92. 建筑物的实物状况包括（　　）。
    A. 地形　　　　　　　　　　　B. 房屋的新旧程度
    C. 外观　　　　　　　　　　　D. 外部配套
    E. 周围环境

93. 建筑物按照使用性质分类分为（　　）。
    A. 民用建筑　　　　　　　　　B. 军用建筑
    C. 公共建筑　　　　　　　　　D. 工业建筑
    E. 农业建筑

94. 房屋买卖市场在房地产经纪业务中常用的分类方式有（　　）。
    A. 新房市场和存量房市场　　　B. 居住房地产市场和非居住房地产市场
    C. 现房市场和期房市场　　　　D. 居住房地产市场和商品房房地产市场
    E. 高档、中档、低档房地产市场

95. 房屋买卖市场的参与者有（　　）。
    A. 买卖双方　　　　　　　　　B. 租赁双方
    C. 房地产经纪机构　　　　　　D. 其他专业服务机构
    E. 房地产市场管理者

96. 存量房买卖中，需对房屋进行估价的情形有（　　）。
    A. 申请贷款　　　　　　　　　B. 房屋过户
    C. 实地查看　　　　　　　　　D. 缴纳房地产有关税费
    E. 发布房源信息

97. 影响房地产供给的基本因素有（　　）。
    A. 房地产的价格水平　　　　　B. 消费者的收入水平
    C. 房地产的开发建设成本　　　D. 房地产的开发建设水平

E. 房地产开发企业和房地产拥有者对未来的预期

98. 可售公有住房中根据房改政策,出售的价格有（　　）。
   A. 市场价
   B. 成本价
   C. 标准价
   D. 基础价
   E. 保障价

99. 权利人本人申请查询不动产登记材料应提交的材料有（　　）。
   A. 查询申请书
   B. 查询目的说明
   C. 申请人的身份证明材料
   D. 房屋权属证明
   E. 登记证明

100. 不动产用益物权是不动产用益物权人对他人所有的不动产依法享有的（　　）权利。
   A. 占有
   B. 使用
   C. 收益
   D. 处分
   E. 支配

房地产经纪综合能力模拟卷（一）答案解析

一、单项选择题

1.【答案】D

【解析】在国民经济产业分类中，房地产业属于第三产业，是为生产和生活服务的部门。房地产业与属于第二产业的建筑业联系密切，建筑业是专门从事房屋等工程建筑、安装以及装饰装修等工作的生产部门。在房地产开发活动中，房地产业与建筑业往往是甲方与乙方的合作关系，房地产业是房地产开发建设的甲方，建筑业是乙方；房地产业是策划者、组织者和发包单位；建筑业则是承包单位。

【出处】《房地产经纪综合能力》（第四版）P1

2.【答案】C

【解析】房地产经纪服务的客体具有多样性：包括各种类型的房地产，不仅包括存量房（二手房）还包括新建商品房；不仅包括住宅，还包括商业用房、写字楼、工业用房等非住宅，不仅包括房屋，还包括房地产开发用地、房地产开发项目等。

【出处】《房地产经纪综合能力》（第四版）P5

3.【答案】C

【解析】按经纪活动方式分类，经纪可以分为居间、代理和行纪。其中，行纪主要出现在普通商品的对外贸易领域，其主要法律依据是《民法典》，并不适用于房地产。

【出处】《房地产经纪综合能力》（第四版）P5

4.【答案】C

【解析】元代大量从事房屋买卖说和的中介，他们被称为"房牙"。

【出处】《房地产经纪综合能力》（第四版）P8

5.【答案】C

【解析】目前，房地产经纪机构的组织形式以有限责任公司为主。有限责任公司的股东以其出资额为限对公司承担有限责任。

【出处】《房地产经纪综合能力》（第四版）P20

6.【答案】C

【解析】直营和特许经营模式的最大区别是连锁门店的投资方不同，由总部直接投资设立门店的是直营模式，由被特许方投资设立门店的是特许经营模式。

【出处】《房地产经纪综合能力》（第四版）P21

7.【答案】A

【解析】直营连锁是最为传统的模式。直营门店由连锁企业总部直接投资开设，所有门店在总部的统一领导下经营，总部对各门店实施人、财、物及房源客源信息等方面的统一管理。

【出处】《房地产经纪综合能力》(第四版) P21

8.【答案】C

【解析】房地产经纪机构在申请登记领取营业执照后，还需要到所在地的直辖市、市、县人民政府建设（房地产）主管部门办理备案。

【出处】《房地产经纪综合能力》(第四版) P22

9.【答案】D

【解析】房地产经纪机构在申请登记领取营业执照后，还需要到所在地的直辖市、市、县人民政府建设（房地产）主管部门办理备案。

【出处】《房地产经纪综合能力》(第四版) P22

10.【答案】C

【解析】房地产经纪机构在经营场所公示必要内容，实质上是一种信息告知行为。

【出处】《房地产经纪综合能力》(第四版) P23

11.【答案】C

【解析】12358是价格部门开设的价格违法行为举报电话。

【出处】《房地产经纪综合能力》(第四版) P25

12.【答案】B

【解析】房地产交易资金监管包括存量房交易资金监管和商品房预售资金监管。

【出处】《房地产经纪综合能力》(第四版) P24

13.【答案】D

【解析】目前，全国房地产经纪信用档案由中国房地产估价师与房地产经纪人学会建立。

【出处】《房地产经纪综合能力》(第四版) P25

14.【答案】D

【解析】房地产经纪合同应当加盖房地产经纪机构印章，并由执行该项经纪业务的一名房地产经纪人或两名房地产经纪人协理签名及登记（注册）号。

【出处】《房地产经纪综合能力》(第四版) P43

15.【答案】C

【解析】承办房屋出售、房屋出租经纪业务的，房地产经纪机构应当与委托人签订房地产经纪服务合同，并经委托人书面同意后，方可对外发布房源信息和广告。

【出处】《房地产经纪综合能力》(第四版) P45

16.【答案】D

【解析】房地产经纪机构未完成房地产经纪服务合同约定的事项，或者服务未达到房地产经纪服务合同约定的标准的，不得收取佣金。

【出处】《房地产经纪综合能力》(第四版) P47

17.【答案】B

【解析】经委托人同意，两个或者两个以上房地产经纪机构就同一房地产经纪业务开展合作，只能按一宗业务收费，不得向委托人增加收费。

【出处】《房地产经纪综合能力》(第四版) P47

18.【答案】C

【解析】申请参加房地产经纪人协理职业资格考试报名的基本条件是：① 遵守国家法律、法规和行业标准与规范；② 秉承诚信、公平、公正的基本原则；③ 恪守职业道德。申请参加房地产经纪人协理职业资格考试的人员，除具备上述基本条件外，还必须具备中专或者高中及以上学历。

【出处】《房地产经纪综合能力》（第四版）P28

19.【答案】D

【解析】尽职尽责要求房地产经纪专业人员在从业过程中按照相关法律法规的要求以及经纪服务合同的约定履行职责。房地产经纪专业人员要保证经纪活动的完整性，不能为图轻松而省略某些环节，也不能马马虎虎，敷衍了事。

【出处】《房地产经纪综合能力》（第四版）P39

20.【答案】B

【解析】独家代理具有排他性。

【出处】《房地产经纪综合能力》（第四版）P40

21.【答案】B

【解析】构筑物是指人们一般不直接在里面进行生产和生活活动的建筑物，例如烟囱、水塔、水井、道路、桥梁、隧道、水坝。

【出处】《房地产经纪综合能力》（第四版）P54

22.【答案】A

【解析】从单价高来看，每平方米土地或每平方米建筑面积房屋的价格，少则数千元，多则数万元甚至数十万元，繁华商业地段经常有"寸土寸金"之说。

【出处】《房地产经纪综合能力》（第四版）P55

23.【答案】B

【解析】砖混结构建筑物的层数一般在6层以下。这类房屋抗震性能较差。

【出处】《房地产经纪综合能力》（第四版）P62

24.【答案】B

【解析】普通建筑和构筑物的设计使用年限是50年。

【出处】《房地产经纪综合能力》（第四版）P63

25.【答案】D

【解析】房屋户型图中房屋朝向一般为"上北下南，左西右东"，并用箭头或指标标注正北方向。通过房屋户型图可以清晰地看到该户型的房屋朝向、入口、房屋内部布局（包括客厅、卧室厨房、卫生间、阳台的布局、数量和组合关系）以及门、窗的位置等。

【出处】《房地产经纪综合能力》（第四版）P78

26.【答案】D

【解析】按照受力情况，墙体分为承重墙和非承重墙。

【出处】《房地产经纪综合能力》（第四版）P65～66

27.【答案】A

【解析】从建筑总平面体中可以看出下列内容：① 该建筑场地的位置、数量、大小及形状；② 新建建筑物在场地内的位置及与邻近建筑物的相对位置关系；③ 场地内的道路布置与绿化安排；④ 新建建筑物的朝向；⑤ 新建建筑物首层室内地面与室外地坪及道路的绝对标高；⑥扩建建筑物的预留地。

【出处】《房地产经纪综合能力》（第四版）P70

28．【答案】C

【解析】房地产分幅图是不动产登记中的房屋登记和建立产籍资料的索引和参考资料，比例尺一般为1∶500。房产分丘图比例尺在1∶100～1∶1000之间。房产分户图的比例尺一般为1∶200。

【出处】《房地产经纪综合能力》（第四版）P75

29．【答案】D

【解析】圈梁是环绕整个建筑物墙体所设置的梁，主要是为了提高建筑物整体结构的稳定性。

【出处】《房地产经纪综合能力》（第四版）P67

30．【答案】A

【解析】推拉窗的优点是不占用室内外空间，开关操作轻便。

【出处】《房地产经纪综合能力》（第四版）P68

31．【答案】B

【解析】地籍图是土地权属状况和利用状况的真实写照，与地形图的最大区别是精确表示了土地权属界线，特别是标出了独立和权属地段的界线、编号及土地权属状况。

【出处】《房地产经纪综合能力》（第四版）P74

32．【答案】C

【解析】成套房屋的套内建筑面积由套内房屋使用面积、套内墙体面积、套内阳台建筑面积三部分组成。

【出处】《房地产经纪综合能力》（第四版）P80

33．【答案】C

【解析】设置水泵、水箱的供水方式：适用于室外给水管网中压力低于或周期性低于建筑内部给水管网所需水压，而且建筑内部用水量又很不均匀时，宜采用设置水泵和水箱的联合给水方式。

【出处】《房地产经纪综合能力》（第四版）P87

34．【答案】A

【解析】房地产损毁、灭失的风险在交付之前由出卖人承担，交付之后由买受人承担。

【出处】《房地产经纪综合能力》（第四版）P99

35．【答案】D

【解析】《民法典》总则编规定，有权撤销民事法律行为的情形如下：① 限制民事行为能力人实施的民事法律行为，在被法定代理人追认前，善意相对人有撤销的权利；② 基于重大误解实施的民事法律行为；③ 一方以欺诈手段，使对方在违背真实意思的情况下实施的民事法律行为；④ 第三人实施欺诈行为，使一方在违背真实意思的情况下实施的民事法律行为，对方知道或者应当知道该欺诈行为的；⑤ 一方或者第三人以胁迫手段，使对方在违背真实意思的情况下实施的民事法律行为；⑥ 一方利用对方处于危困状态、缺乏判断能力等情形，致使民事法律行为成立时显失公平的。

注：法律行为无效力未定。

【出处】《房地产经纪综合能力》(第四版) P102

36.【答案】B

【解析】格式条款和非格式条款不一致的,应当采用非格式条款。

【出处】《房地产经纪综合能力》(第四版) P106

37.【答案】B

【解析】《民法典》第一千一百二十九条规定:"丧偶儿媳对公、婆,丧偶女婿对岳父、岳母,尽了主要赡养义务的,作为第一顺序继承人。"

【出处】《房地产经纪综合能力》(第四版) P125

38.【答案】A

【解析】房地产居间与房地产代理不同,居间服务行为是报告订约的机会或提供媒介联系,并不参与委托人与第三人之间的关系。而房地产代理中,房地产经纪机构在提供一宗房地产交易服务的过程中,只能接受交易一方当事人的委托。代理以代理权为基础,代理委托人进行民事法律行为,要进行独立的意思表示。

【出处】《房地产经纪综合能力》(第四版) P6

39.【答案】B

【解析】《民法典》总则编规定,下列民事法律行为无效:① 无民事行为能力人实施的;② 行为人与相对人以虚假的意思表示实施的;③ 行为人与相对人恶意串通,损害他人合法权益的;④ 违反法律、行政法规的强制性规定的;⑤ 违背公序良俗的。

【出处】《房地产经纪综合能力》(第四版) P102

40.【答案】B

【解析】不动产担保物权主要是抵押权。需要注意的是,房屋的承租权不是物权,而是一种债权。因此房屋租赁不需要到不动产登记机构登记。

【出处】《房地产经纪综合能力》(第四版) P116

41.【答案】A

【解析】公示原则要求物权的产生、变更、消灭,必须以一定的可以从外部察知的方式表现出来。这是因为物权有排他的性质,其变动常有排他的后果,如果没有一定的可以从外部察知的方式将其表现出来,就会给第三人带来不测的损害,影响交易安全。

【出处】《房地产经纪综合能力》(第四版) P117

42.【答案】B

【解析】《民法典》第一千一百二十七条规定:"遗产按照下列顺序继承:第一顺序:配偶、子女、父母。第二顺序:兄弟姐妹、祖父母、外祖父母。继承开始后,由第一顺序继承人继承,没有第一顺序继承人的,由第二顺序继承人继承。子女包括婚生子女、非婚生子女、养子女和有扶养关系的继子女。父母,包括生父母、养父母和有扶养关系的继父母。兄弟姐们,包括同父母兄弟姐妹、同父异母或同母异父的兄弟姐妹、养兄弟姐妹、有扶养关系的继兄弟姐妹。"

【出处】《房地产经纪综合能力》(第四版) P125

43.【答案】D

【解析】民事法律行为也称"法律行为",是民事主体通过意思表示设立、变更、终止民事法律关系的行为。法律行为既包括合法的法律行为,也包括无效、可撤销和效力待定的法律行为。

【出处】《房地产经纪综合能力》（第四版）P100

44.【答案】C

【解析】不动产物权应当依法申请登记，自记载于不动产登记簿时发生效力，未经登记，不发生效力。

【出处】《房地产经纪综合能力》（第四版）P119

45.【答案】B

【解析】转租是指承租人在租赁期间将其承租房屋的部分或者全部再出租的房屋租赁。承租人将租赁房转租给第三人，应经原出租人同意，且原租赁合同继续有效。这时原租赁关系中的承租人就成了新租赁关系中的转租人，也俗称"二房东"。

【出处】《房地产经纪综合能力》（第四版）P133

46.【答案】C

【解析】房地产市场因素包括：① 房屋租赁市场供求关系；② 房价因素。房屋的基本状况因素包括：① 区位状况；② 实物状况；③ 权益状况。

【出处】《房地产经纪综合能力》（第四版）P139～141

47.【答案】A

【解析】通常一次性支付房租要低些，且支付的时间越长可能越低；而分期支付房租相对要高些，且支付的时间越短可能越高。

【出处】《房地产经纪综合能力》（第四版）P141

48.【答案】C

【解析】出租房屋行为应缴纳的税主要有：增值税、城市维护建设税、教育费附加和地方教育费附加、房产税、城镇土地使用税、印花税、个人所得税。

【出处】《房地产经纪综合能力》（第四版）P160～164

49.【答案】B

【解析】自 2008 年 3 月 1 日起，对个人出租住房，不区分用途，按 4% 税率的征收房产税。

【出处】《房地产经纪综合能力》（第四版）P162

50.【答案】D

【解析】按照建筑物中的方向，墙体分为纵墙和横向。纵墙是沿建筑物长轴方向布置的墙。横墙是沿建筑物短轴方向布置的墙，其中的外横墙通常称为山墙。

【出处】《房地产经纪综合能力》（第四版）P65～66

51.【答案】D

【解析】对各个经营地点实行定期或不定期的检查稽核，建立起系统的检查稽核体系，是保证业务规范的重要措施。

【出处】《房地产经纪综合能力》（第四版）P51

52.【答案】B

【解析】房地产经纪专业人员职业资格证书初始登记、延续登记的有效期是 3 年。

【出处】《房地产经纪综合能力》（第四版）P32

53.【答案】A

【解析】目前我国房地产经纪机构绝大多数是中资公司。

【出处】《房地产经纪综合能力》（第四版）P21

54.【答案】A

【解析】存量房市场也称为二手房市场，主要是指已经发生过一次或多次产权转移的房地产的交易市场。

【出处】《房地产经纪综合能力》（第四版）P167

55.【答案】A

【解析】按照交易时房地产的开发建设状态分类，房地产市场可以分为现房市场和期房市场。

【出处】《房地产经纪综合能力》（第四版）P167～168

56.【答案】A

【解析】房地产市场上在售的房地产商品各不相同，竞争不够充分，具有垄断竞争市场的特征。

【出处】《房地产经纪综合能力》（第四版）P169

57.【答案】C

【解析】居民所使用的公有住房按房改政策，可以分为两大类，一类是可售公有住房，一类是不可售公有住房。

【出处】《房地产经纪综合能力》（第四版）P174

58.【答案】D

【解析】卖方如果是有限责任公司、股份有限公司的，需要提供公司董事会、股东会决议或公司章程等书面文件。

【出处】《房地产经纪综合能力》（第四版）P178

59.【答案】A

【解析】不符合商品房销售条件的，房地产开发企业不得销售商品房，不得向买受人收取任何预订款性质的费用，不得参加展销活动；故A错误。

【出处】《房地产经纪综合能力》（第四版）P171

60.【答案】C

【解析】限价商品房又称限价房、限地价的"两限"商品房，市政府为解决中低收入家庭的住房困难，在出让商品住房用地时，提出限制开发完成后的商品房价格及套型（面积）要求，由房地产开发企业公开竞买后，严格执行限制性要求开发建设和定向销售的普通商品住房。

【出处】《房地产经纪综合能力》（第四版）P175

61.【答案】C

【解析】外部配套设施完备，特别是周边有教育质量高的中小学、医疗水平高的医院以及有购物中心、休闲娱乐场所的住宅，其价格就高；反之，其价格较低。

【出处】《房地产经纪综合能力》（第四版）P182

62.【答案】B

【解析】经济因素对房地产价格有影响的主要有经济发展、居民收入、利率、汇率和物价等。

【出处】《房地产经纪综合能力》（第四版）P181

63.【答案】C

【解析】挂牌价是指出卖人在房地产经纪机构或其他方式挂牌时定下的房屋价格。挂牌价一般在专门的房地产网站、房地产经纪机构的网站中发布，由于存在议价空间，一般略高于真实成交价。

【出处】《房地产经纪综合能力》（第四版）P184

64.【答案】D

【解析】申请办理规划用途为住宅的房屋（以下简称住宅）及其建设用地使用权不动产登记事项，不动产登记费收费标准为每件80元。

【出处】《房地产经纪综合能力》（第四版）P243

65.【答案】B

【解析】个人住房贷款与其他贷款方式相比较，大多数是以所购住房抵押为前期条件发生的资金借贷关系。

【出处】《房地产经纪综合能力》（第四版）P205

66.【答案】B

【解析】个人住房贷款期限最长为30年。

【出处】《房地产经纪综合能力》（第四版）P209

67.【答案】C

【解析】由于每月的还款本金额固定，利息越来越少，随时间的推移每月还款数越来越少。

【出处】《房地产经纪综合能力》（第四版）P217

68.【答案】B

【解析】住房公积金贷款购买首套普通自住房最低首付款比例为20%。

【出处】《房地产经纪综合能力》（第四版）P213

69.【答案】B

【解析】《住房公积金管理条例》规定，住房公积金管理中心应当自受理申请之日起15日内作出准予贷款或者不准贷款的决定，并通知借款人；准予贷款的，由受委托银行办理贷款手续。

【出处】《房地产经纪综合能力》（第四版）P214

70.【答案】B

【解析】《民法典》第三百九十九条规定下列财产不得抵押：① 土地所有权；② 耕地、宅基地、自留地、自留山等集体所有的土地使用权，但法律规定可以抵押的除外；③ 学校、幼儿园、医院等以公益为目的的事业单位、社会团体的教育设施、医疗卫生设施和其他社会公益设施；④ 所有权、使用权不明或者有争议的财产；⑤ 依法被查封、扣押、监管的财产；⑥ 法律、行政法规规定不得抵押的其他财产。

【出处】《房地产经纪综合能力》（第四版）P220

71.【答案】A

【解析】一般房地产抵押是指为担保债务的履行，债务人或者第三人不转移房地产的占有，将该房地产抵押给债权人的行为。

【出处】《房地产经纪综合能力》(第四版) P221

72.【答案】A

【解析】变更登记是指不动产物权的权利归属主体不变，而只是不动产登记的其他内容发生变化时进行的登记。

【出处】《房地产经纪综合能力》(第四版) P230

73.【答案】B

【解析】不动产登记机构予以异议登记的，申请人在异议登记之日起15日内不起诉，异议登记失效。

【出处】《房地产经纪综合能力》(第四版) P231

74.【答案】D

【解析】不动产登记费按件收取，不得按照不动产的面积、体积或者价款的比例收取。

【出处】《房地产经纪综合能力》(第四版) P243

75.【答案】B

【解析】按照房地产的档次，房地产市场可以分为高档房地产市场、中档房地产市场和低档房地产市场。

【出处】《房地产经纪综合能力》(第四版) P168

76.【答案】A

【解析】成套房屋建筑面积通常是指分户建筑面积。

【出处】《房地产经纪综合能力》(第四版) P84

77.【答案】B

【解析】内平开窗的优点是便于经常擦洗，保持窗户洁净。

【出处】《房地产经纪综合能力》(第四版) P68

78.【答案】C

【解析】承重墙一般用较粗的线标注，非承重墙用较细的线标注。

【出处】《房地产经纪综合能力》(第四版) P68

79.【答案】D

【解析】套内使用面积是指房屋套内全部可供使用的空间面积，按房屋的内墙面水平投影计算。

【出处】《房地产经纪综合能力》(第四版) P80

80.【答案】C

【解析】"订金"和"定金"仅一字之差，但意义完全不同。"订金"是订购、预定之意，是预付款性质，不具有担保功能。如果房屋买卖双方签订的是"订金"协议，如果买方不想买了，卖方应将订金无条件退还给买方。

【出处】《房地产经纪综合能力》(第四版) P111

二、多项选择题

81.【答案】ABCD

【解析】房地产经纪是指房地产经纪机构和房地产经纪人员为促成房地产交易，向委托人提供房地产居间、代理等服务并收取佣金的行为，房地产经纪是房地产市场运行的润滑剂，是知识密集和劳动密集的产业。房地产经纪活动的主体是房地产经纪机构和房地产经纪人员。规范、专业的房地产经纪活动，有助于保障房地产交易的安全，避免产生巨大的经济风险。房地产经纪作为一种经纪活动，实际上是一种交易的辅助活动。

【出处】《房地产经纪综合能力》（第四版）P3～5

82.【答案】ABE

【解析】新中国成立之后房地产经纪行业发展概况：① 建立房地产经纪专业人员职业资格制度；② 建立健全房地产经纪行为规范；③ 建立房地产经纪信用档案系统；④ 成立全国房地产经纪行业组织。

【出处】《房地产经纪操作实务》（第四版）P9～10

83.【答案】ABCE

【解析】房地产经纪机构承接业务应书面告知的事项：① 是否与委托房屋有利害关系；② 应当由委托人协助的事宜、提供的资料；③ 委托房屋的市场参考价格；④ 房屋交易的一般程序及可能存在的风险；⑤ 房屋交易涉及的税费；⑥ 经纪服务的内容和完成标准；⑦ 经纪服务收费标准和支付时间；⑧ 其他需要告知的事项。

【出处】《房地产经纪综合能力》（第四版）P42～43

84.【答案】BCDE

【解析】房源信息应当真实，面积应当标明为建筑面积或者套内建筑面积，并不得含有升值或者投资回报的承诺，不得以项目达到某一具体参照物的所需时间表示项目位置，不得对规划或者建设中的交通、商业、文化教育设施以及其他市政条件做误导宣传等。对在未经依法取得国有土地使用权的土地上开发建设的房屋、在未经国家征用的集体所有的土地上建设的房屋、权属有争议的房屋、违反国家有关规定建设的房屋和被司法机关和行政机关依法裁定、决定查封或者以其他形式限制房地产权利的房屋，不得发布广告。

【出处】《房地产经纪综合能力》（第四版）P45

85.【答案】ACDE

【解析】房地产经纪机构在房屋买卖中的作用主要是提供房源、客源、价格信息，促成交易，协助订立买卖合同，代办贷款、不动产登记，协助进行房屋交验等。

【出处】《房地产经纪综合能力》（第四版）P168

86.【答案】ABCE

【解析】构筑物是指人们一般不直接在里面进行生产和生活活动的建筑物，例如烟囱、水塔、水井、道路、桥梁、隧道、水坝等。

【出处】《房地产经纪综合能力》（第四版）P54

87.【答案】ABCD

【解析】按照房地产用途的分类：① 居住房地产；② 办公房地产；③ 零售商业房地产；④ 旅馆房地产；⑤ 餐饮房地产；⑥ 体育和娱乐房地产；⑦ 工业房地产；⑧ 农业房地产；⑨ 特殊用途房地产；⑩ 综合用途房地产。

【出处】《房地产经纪综合能力》（第四版）P57

88.【答案】ABCE

【解析】得房率的大小与建筑形式、建筑结构、地区温差、墙体材料和房间数量与套内建筑面积的关系有关。

【出处】《房地产经纪综合能力》（第四版）P86

89.【答案】ABC

【解析】民事法律关系的三要素，是指民事法律关系的主体、民事法律关系的客体、民事法律关系的内容。

【出处】《房地产经纪综合能力》（第四版）P97

90.【答案】ACD

【解析】房屋所有权人通过买卖等其他合法方式将房屋所有权和国有建设用地使用权转移给他人的主要情形有：买卖房屋、赠与房屋、继承或接受遗赠房屋、互换房屋和用房屋出资等。

【出处】《房地产经纪综合能力》（第四版）P238

91.【答案】ABC

【解析】不动产物权登记生效的情形主要有：买卖、交换、赠与、分割房地产登记。

【出处】《房地产经纪综合能力》（第四版）P119

92.【答案】ACDE

【解析】房屋租赁合同的主要内容包括以下九个方面：① 房屋租赁当事人的姓名（名称）和身份证件类型和号码；② 标的物；③ 租金和押金数额、支付方式；④ 租赁用途和房屋使用要求；⑤ 房屋和室内设施的安全性能；⑥ 租赁期限；⑦ 房屋维修责任；⑧ 物业服务、水、电、燃气等相关费用的缴纳；⑨ 违约责任；⑩ 争议解决办法。

【出处】《房地产经纪综合能力》（第四版）P142~144

93.【答案】ACDE

【解析】房屋建筑物一般是由基础、墙体和柱、门和窗、楼地板和梁、楼梯、屋顶等六部分组成；地基不是房屋建筑物的组成部分。

【出处】《房地产经纪综合能力》（第四版）P63

94.【答案】ADE

【解析】《商品房销售管理办法》中规定，商品房销售可以按套（单元）计价，也可以按套内建筑面积或者建筑面积计价。

【出处】《房地产经纪综合能力》（第四版）P176

95.【答案】ABDE

【解析】监护人代为申请登记的，应当提供监护人与被监护人的身份证或者户口簿、有关监护关系等材料；因处分不动产而申请登记的，还应当提供为被监护人利益的书面保证。

【出处】《房地产经纪综合能力》（第四版）P233

96.【答案】ABD

【解析】为买方提供咨询建议时要：① 判断整体房地产市场走势；② 调查拟购买房地产所在区域的价格；③ 确定谈判空间。

【出处】《房地产经纪综合能力》（第四版）P187

97.【答案】AC

【解析】按照我国房地产经纪行业的发展现状描述，建立的制度包括全国房地产经纪人员职业资格制度、房地产交易资金监管制度。

【出处】《房地产经纪综合能力》（第四版）P9~10

98.【答案】ABCD

【解析】房地产需求可分为刚性需求、改善性需求、投资性需求、投机性需求等。

【出处】《房地产经纪综合能力》(第四版)P168

99.【答案】ABCE

【解析】房屋所有权人通过买卖等其他合法方式将房屋所有权和国有建设用地使用权转移给他人的主要情形有：买卖房屋、赠与房屋、继承或接受遗赠房屋、互换房屋和用房屋出资等。

【出处】《房地产经纪综合能力》(第四版)P238

100.【答案】ABCE

【解析】不动产物权生效的情形包括登记生效、基于事实行为等情形生效、基于合同生效、法定生效。

【出处】《房地产经纪综合能力》(第四版)P119～120

房地产经纪综合能力模拟卷（二）答案解析

一、单项选择题

1.【答案】C

【解析】在国民经济产业分类中，房地产业属于第三产业，是为生产和生活服务的部门。房地产业与属于第二产业的建筑业联系密切，建筑业是专门从事房屋等工程建筑、安装以及装饰装修等工作的生产部门。

【出处】《房地产经纪综合能力》（第四版）P1

2.【答案】C

【解析】房地产中介服务是指房地产咨询、房地产价格评估、房地产经纪等活动。房地产中介服务是房地市场价值链中不可或缺的环节，在房地产开发、交易过程中为各级市场的参与者提供专业化中介服务，在促进房地产市场健康发展、保障房地产交易安全、节约房地产交易成本等方面都发挥着日益重要的作用。

【出处】《房地产经纪综合能力》（第四版）P2～3

3.【答案】A

【解析】房地产经纪是一种市场化的有偿服务，经纪服务提供方所获得的报酬形式是佣金，一般根据服务的结果来最终确定。经纪服务佣金的多少由委托人与经纪机构协商确定，一般与促成交易的类型和成交额的大小有关。

【出处】《房地产经纪综合能力》（第四版）P5

4.【答案】A

【解析】房地产居间是起源最早的房地产经纪方式。

【出处】《房地产经纪综合能力》（第四版）P6

5.【答案】A

【解析】汉代对经纪人的专业称谓是"驵侩"。

【出处】《房地产经纪综合能力》（第四版）P8

6.【答案】B

【解析】房地产经纪的作用是节约交易时间，提高交易效率；规范交易行为，保障交易安全；促进交易公平，维护合法权益。

【出处】《房地产经纪综合能力》（第四版）P7～8

7.【答案】C

【解析】市场监督主管部门承担依法确认各类经营者的主体资格，监督管理或参与监督管理各类市场，依法规范市场交易行为，保护公平竞争，查处经济违法行为，取缔非法经营，保护正常的市场经济秩序。

【出处】《房地产经纪综合能力》（第四版）P12

8.【答案】C

【解析】一家房地产经纪机构的连锁门店当中既有直营门店也有特许加盟门店，则这家机构就是混合模式的房地产经纪机构。

【出处】《房地产经纪综合能力》（第四版）P21

9.【答案】D

【解析】房地产经纪经营模式中特许经营模式和混合模式相同的特点是管控相对较难。

【出处】《房地产经纪综合能力》（第四版）P21

10.【答案】B

【解析】直营模式的全称叫作直营连锁模式，即由公司总部直接投资、经营、管理各个经纪门店的经营形态。

【出处】《房地产经纪综合能力》（第四版）P21

11.【答案】A

【解析】房地产经纪机构属于房地产中介服务机构。

【出处】《房地产经纪综合能力》（第四版）P22

12.【答案】A

【解析】出租人就同一房屋订立数份租赁合同，在合同均有效的情况下，承租人均主张履行合同的，人民法院按照下列顺序确定履行合同的承租人：① 已经合法占有租赁房屋的；② 已经办理登记备案手续的；③ 合同成立在先的。

【出处】《房地产经纪综合能力》（第四版）P148

13.【答案】B

【解析】商品房销售明码标价实行"一房一标"。

【出处】《房地产经纪综合能力》（第四版）P47

14.【答案】D

【解析】房地产经纪业务应当由房地产经纪机构统一承接，房地产经纪人员不得以个人名义承接房地产经纪业务。房地产经纪人员以个人名义承接房地产经纪业务和收取费用的，由县级以上地方人民政府建设（房地产）主管部门责令限期改正，记入信用档案；对经纪人员处以1万元罚款；对经纪机构处以1万元以上3万元以下罚款。

【出处】《房地产经纪综合能力》（第四版）P44

15.【答案】A

【解析】房源信息应当真实，面积应当标明为建筑面积或者套内建筑面积，并不得含有升值或者投资回报的承诺，不得以项目达到某一具体参照物的所需时间表示项目位置，不得对规划或者建设中的交通、商业、文化教育设施以及其他市政条件做误导宣传等，对在未经依法取得国有土地使用权的土地上开发建设的房屋、在未经国家征用的集体所有的土地上建设的房屋、权属有争议的房屋、违反国家有关规定建设的房屋和被司法机关和行政机关依法裁定、决定查封或者以其他形式限制房地产权利的房屋不得发布广告。

【出处】《房地产经纪综合能力》（第四版）P45

16.【答案】A

【解析】对于单边代理的房地产经纪业务，房地产经纪人员有义务向交易相对人或交易相对人的代理人披露佣金的安排。

【出处】《房地产经纪综合能力》(第四版)P47

17.【答案】D

【解析】房地产经纪服务收费要实行明码标价,不得收取未予标明的费用。

【出处】《房地产经纪综合能力》(第四版)P46

18.【答案】D

【解析】我国现行房地产经纪专业人员职业资格分为房地产经纪人协理、房地产经纪人和高级房地产经纪人。

【出处】《房地产经纪综合能力》(第四版)P26

19.【答案】D

【解析】出租房屋的权益状况包括规划设计条件、土地使用期限、共有情况、用益物权设立情况、担保物权设立情况、租赁或占用情况、拖欠税费情况、查封等形式限制权利情况、权属清晰情况等。

【出处】《房地产经纪综合能力》(第四版)P140

20.【答案】A

【解析】主动识别房地产经纪业务中的各类风险,建立风险识别系统、提高风险识别能力是风险防范的第一步。

【出处】《房地产经纪综合能力》(第四版)P49

21.【答案】B

【解析】独一无二特性也称为独特性、异质性和个别性。房地产独一无二的特性,使得不同房地产之间不会完全替代,房地产市场不能实现完全竞争。因此,房地产价格千差万别,体现为"一房一价"。

【出处】《房地产经纪综合能力》(第四版)P55

22.【答案】C

【解析】熟地是指具有较完善的城市基础设施且场地平整,可以直接在其上进行房屋建设的土地。

【出处】《房地产经纪综合能力》(第四版)P57

23.【答案】B

【解析】层高是指上下两层楼面或楼面与地面之间的垂直距离。

【出处】《房地产经纪综合能力》(第四版)P62

24.【答案】B

【解析】临时性建筑的使用年限是5年。

【出处】《房地产经纪综合能力》(第四版)P63

25.【答案】B

【解析】独立基础是指基础呈独立的块状,形式有台阶形、锥形和杯形等。

【出处】《房地产经纪综合能力》(第四版)P65

26.【答案】C

【解析】箱形基础能建造比其他基础形式更高的建筑物,对于地基承载力较低的软弱地基尤为合适,箱形基础对于抵抗地震荷载的作用极为有利。

【出处】《房地产经纪综合能力》(第四版)P65

27.【答案】D

【解析】平开上悬窗是德国应用最广泛的窗型,其技术含量相对较高。此类窗户优点是具有良好的保温隔热性能;通风时,新风回旋进入室内;刮风下雨时,也可以开启窗户,保持室内空气清新;清洁朝外的玻璃面也较为方便。缺点是五金件多为国外进口,价格相对较高。目前主要用于高档住宅。

【出处】《房地产经纪综合能力》(第四版)P68~69

28.【答案】C

【解析】房产分户图是以产权登记户为单位绘制,是在房产分丘图基础上绘制的细部图,以一户产权人为单位,表示房屋权属范围的细部,是不动产权证的附图。

【出处】《房地产经纪综合能力》(第四版)P76

29.【答案】B

【解析】计算建筑面积的房屋,层高应在2.20m(含2.20m)以上。

【出处】《房地产经纪综合能力》(第四版)P81

30.【答案】B

【解析】计算一半建筑面积的范围:①与房屋相连有上盖无柱的走廊、檐廊,按其围护结构外围水平投影面积的一半计算;②独立柱、单排柱的门廊、车棚、货棚等属于永久性建筑的,按其上盖水平投影面积一半计算;③未封闭的阳台、挑廊,按其围护结构外围水平投影面积的一半计算;④无顶盖的室外楼梯按各层水平投影面积的一半计算;⑤有顶盖不封闭的永久性架空通廊,按其外围水平投影面积的一半计算。

【出处】《房地产经纪综合能力》(第四版)P82

31.【答案】B

【解析】中速电梯的速度为1.5~2.5m/s,消防电梯的常用速度大于2.5m/s,客梯速度随层数增加而提高,低速电梯的速度在1.5m/s之下。

【出处】《房地产经纪综合能力》(第四版)P91

32.【答案】B

【解析】《住宅设计规范》GB 50096—2011适用于住宅的建筑设计工作,在商品房预(销)售和房屋登记工作中,房屋面积的计算按照《房产测量规范》GB/T 17986—2000执行。

【出处】《房地产经纪综合能力》(第四版)P81

33.【答案】C

【解析】出租房屋行为应缴纳的税主要有:增值税、城市维护建设税、教育费附加、房产税、城镇土地使用税、印花税、个人所得税等。

【出处】《房地产经纪综合能力》(第四版)P160~164

34.【答案】C

【解析】不满8周岁的未成年人、8周岁以上不能辨认自己行为的未成年人以及不能辨认自己行为的成年人为无民事行为能力人,由其法定代理人代理实施民事法律行为。

【出处】《房地产经纪综合能力》(第四版)P98

35.【答案】C

【解析】负担行为是指以发生债权债务为其效力的行为。
【出处】《房地产经纪综合能力》(第四版) P101

36.【答案】C
【解析】订立房屋租赁合同属于民事法律行为，当事人应当具有相应的民事行为能力。
【出处】《房地产经纪综合能力》(第四版) P144

37.【答案】A
【解析】《民法典》第五百零六条规定，合同中的下列免责条款无效：① 造成对方人身损害的；② 因故意或者重大过失造成对方财产损失的。
【出处】《房地产经纪综合能力》(第四版) P107

38.【答案】C
【解析】《民法典》总则编将《民法通则》规定的 2 年一般诉讼时效期间延长为 3 年。
【出处】《房地产经纪综合能力》(第四版) P103

39.【答案】A
【解析】合同的担保方式有保证、抵押、质押、定金、留置。
【出处】《房地产经纪综合能力》(第四版) P110~111

40.【答案】A
【解析】凡合同成立须依特定形式始为有效的，为要式合同；反之为不要式合同。
【出处】《房地产经纪综合能力》(第四版) P105

41.【答案】D
【解析】不动产物权的抛弃，需要办理注销登记才发生效力。
【出处】《房地产经纪综合能力》(第四版) P118

42.【答案】C
【解析】法律行为以意思表示为核心要素。
【出处】《房地产经纪综合能力》(第四版) P100

43.【答案】B
【解析】根据我国《民法典》继承编规定，继承从被继承人死亡时开始，所谓"死亡"既包括事实死亡，如老死、病死、意外事故致死等，也包括宣告死亡。无论是遗嘱继承还是法定继承，取得物权的生效时间始于继承开始，如果遗产是房屋等不动产，按照《民法典》物权编规定，继承事实发生时，继承人就因继承而取得房屋等不动产的物权，而不是需要继承人依法申请不动产登记后，才能取得房屋等不动产的物权。
【出处】《房地产经纪综合能力》(第四版) P125

44.【答案】D
【解析】合同纠纷解决方式一般分为四类：自行协商解决；申请调解；提交仲裁机构仲裁；向人民法院提起诉讼。
【出处】《房地产经纪综合能力》(第四版) P112~113

45.【答案】C
【解析】随着社会的发展，人口流动更加频繁、迁移更加便捷，由于工作地点变化、子女入学、照顾父母等原因，相当一部分人通过租赁房屋解决居住问题。此外，一部分人随着收入的增加，通过调换租赁住房，来不断改善自己的居住状况。因此，住房租赁交易较以往更为频繁。

【出处】《房地产经纪综合能力》（第四版）P134

46.【答案】D

【解析】《民法典》合同编规定：租赁期限不得超过二十年。超过二十年的，超过部分无效。

【出处】《房地产经纪综合能力》（第四版）P143

47.【答案】C

【解析】纳税人销售不动产租赁服务，增值税税率为9%。

【出处】《房地产经纪综合能力》（第四版）P188

48.【答案】B

【解析】纳税人为出租房屋的个人，计税依据为应纳税所得额，适用税率为20%。《财政部 国家税务总局 住房城乡建设部关于完善住房租赁有关税收政策的公告》规定，对个人出租住房所得，减半征收个人所得税。

【出处】《房地产经纪综合能力》（第四版）P164

49.【答案】B

【解析】地形图不仅充分反映了自然地貌，而且把经过人工改造的环境也比较详尽地反映在图纸上。

【出处】《房地产经纪综合能力》（第四版）P69

50.【答案】A

【解析】制定规范、标准的对外承诺文本，是实行对外承诺标准化的关键。房地产经纪人员在开展经纪业务时，使用标准的承诺文本，能最大限度地防范对外承诺中存在的风险。

【出处】《房地产经纪综合能力》（第四版）P50

51.【答案】B

【解析】规范执业是保证房地产经纪行业或机构服务品质，保持或提升房地产经纪行业或机构的社会形象的重要手段。

【出处】《房地产经纪综合能力》（第四版）P39

52.【答案】A

【解析】房地产经纪专业人员职业资格证书实行登记服务制度。

【出处】《房地产经纪综合能力》（第四版）P31

53.【答案】D

【解析】房地产代理是基于房地产经纪服务委托人确定委托代理权限和房地产经纪机构接受授权的房地产经纪服务合同而产生的，属于委托代理。

【出处】《房地产经纪综合能力》（第四版）P7

54.【答案】D

【解析】按照房地产的用途分类，房地产市场可以分为居住房地产市场和非居住房地产市场。

【出处】《房地产经纪综合能力》（第四版）P132~133

55.【答案】B

【解析】全国性的房地产经纪行业自律组织是中国房地产估价师与房地产经纪人学会。
【出处】《房地产经纪综合能力》（第四版）P168

56.【答案】D
【解析】由于房地产寿命长久、供给有限，市场容易出现投机。表现出易于形成泡沫的特点。
【出处】《房地产经纪综合能力》（第四版）P169

57.【答案】D
【解析】按份共有人处分共有房屋时，经占份额2/3以上的按份共有人同意即可。
【出处】《房地产经纪综合能力》（第四版）P173

58.【答案】C
【解析】城市维护建设税以消费税、增值税税额为计税依据。
【出处】《房地产经纪综合能力》（第四版）P161

59.【答案】B
【解析】出租人出卖租赁房屋的，应当在出卖之前的合理期限内通知承租人，承租人享有以同等条件优先购买的权利。出租人履行通知义务后，承租人在十五日内未明确表示购买的，视为承租人放弃优先购买权。
【出处】《房地产经纪综合能力》（第四版）P173~174

60.【答案】A
【解析】经济适用住房是指政府提供政策优惠，限定套型面积和销售价格，按照合理标准建设，面向城市低收入住房困难家庭供应，具有保障性质的政策性住房。
【出处】《房地产经纪综合能力》（第四版）P174

61.【答案】C
【解析】如果卖方为具有完全民事行为能力的个人，卖方可以亲自办理房屋出售，也可以授权委托他人代理出售。因房屋买卖属大额交易，代理出售一般要求代理人持经公证的授权委托书才能代为签订房屋买卖合同和办理不动产登记。
【出处】《房地产经纪综合能力》（第四版）P177

62.【答案】D
【解析】新建商品房销售可以开发企业自行销售，也可以委托房地产机构代理销售商品房。
【出处】《房地产经纪综合能力》（第四版）P171

63.【答案】A
【解析】影响房地产市场需求的基本因素有：① 房地产的价格水平；② 消费者的收入水平；③ 消费者的偏好；④ 相关物品的价格水平；⑤ 消费者对未来的预期。
【出处】《房地产经纪综合能力》（第四版）P180

64.【答案】D
【解析】人口因素主要通过影响房地产的需求而作用于房地产价格。人口因素可分为人口的数量、结构、素质等方面。
【出处】《房地产经纪综合能力》（第四版）P182

65.【答案】C

【解析】季节性变化明显：承租房屋用于自住，通常具有短期性的特点。如在住房租赁市场中，承租方多数为进城务工人员或新毕业大学生等新市民群体，这部分人往往流动性大，主要通过租赁住房解决在当地的居住问题。住房租赁市场常随城市春节后务工人员返城、大学生毕业、学校开学等因素呈现季节性变化。

【出处】《房地产经纪综合能力》（第四版）P134

66.【答案】B

【解析】承租人未经出租人书面同意转租的，出租人可以解除房屋租赁合同。

【出处】《房地产经纪综合能力》（第四版）P147

67.【答案】D

【解析】个人住房公积金贷款和商业性个人住房贷款两者的组合，称之为组合贷款。

【出处】《房地产经纪综合能力》（第四版）P206

68.【答案】D

【解析】《民法典》总则编规定，有权撤销民事法律行为的情形如下：① 限制民事行为能力人实施的民事法律行为，在被法定代理人追认前，善意相对人有撤销的权利；② 基于重大误解实施的民事法律行为；③ 一方以欺诈手段，使对方在违背真实意思的情况下实施的民事法律行为；④ 第三人实施欺诈行为，使一方在违背真实意思的情况下实施的民事法律行为，对方知道或者应当知道该欺诈行为的；⑤ 一方或者第三人以胁迫手段，使对方在违背真实意思的情况下实施的民事法律行为；⑥ 一方利用对方处于危困状态，缺乏判断能力等情形。

【出处】《房地产经纪综合能力》（第四版）P102

69.【答案】C

【解析】公积金贷款期限最长不超过30年。

【出处】《房地产经纪综合能力》（第四版）P213

70.【答案】A

【解析】抵押权的核心内容在于取得抵押物的交换价值，以该交换价值担保债的履行，而不在于取得或者限制物的使用价值。

【出处】《房地产经纪综合能力》（第四版）P219

71.【答案】D

【解析】最高额抵押是指为担保债务的履行，债务人或者第三人对一定期间内将要连续发生的债权用房地产提供担保的行为。

【出处】《房地产经纪综合能力》（第四版）P221

72.【答案】D

【解析】转移登记是指不动产所有权、抵押权等物权发生转移时进行的登记。房屋所有权人通过买卖等其他合法方式将房屋所有权和国有建设用地使用权转移给他人的主要情形有：买卖房屋、赠与房屋、继承或接受遗赠房屋、互换房屋和用房屋出资等。

【出处】《房地产经纪综合能力》（第四版）P230、P238

73.【答案】C

【解析】不动产登记申请人可以是自然人，也可以是法人或非法人组织。申请人为自然人的，应具备完全民事行为能力。无民事行为能力人和限制民事行为能力人本人不能自行申请不动产登记,其不动产登记由其监护人代为申请。

【出处】《房地产经纪综合能力》(第四版)P232

74.【答案】C

【解析】除办理抵押权登记、地役权登记和预告登记、异议登记,向申请人核发不动产登记证明外,不动产登记机构应当依法向权利人核发不动产权证书。注销登记、查封登记不颁发证书或证明。

【出处】《房地产经纪综合能力》(第四版)P236

75.【答案】C

【解析】查询不动产登记资料的查询人包括:① 权利人;② 利害关系人;③ 有关国家机关。

【出处】《房地产经纪综合能力》(第四版)P247

76.【答案】C

【解析】负担行为是指以发生债权债务为其效力的行为。

【出处】《房地产经纪综合能力》(第四版)P101

77.【答案】C

【解析】承重墙是指直接承受上部结构如梁、楼板、墙等传下来的荷载的墙,对结构安全起着最重要的作用。

【出处】《房地产经纪综合能力》(第四版)P66

78.【答案】A

【解析】根据房地产经纪机构的经营特点,这里主要介绍两个风险识别的切入点:① 投诉处理;② 坏账管理。

【出处】《房地产经纪综合能力》(第四版)P50

79.【答案】A

【解析】房地产经纪服务具有有偿性:房地产经纪是一种市场化的有偿服务,经纪服务提供方所获得的报酬形式是佣金。

【出处】《房地产经纪综合能力》(第四版)P5

80.【答案】D

【解析】房地产业是从事房地产投资、开发、经营、服务和管理的行业,包括房地产开发经营业、物业管理业、房地产中介服务业、房地产租赁经营业和其他房地产业。在国民经济产业分类中,房地产业属于第三产业,是为生产和生活服务的部门。在房地产开发活动中,房地产业与建筑业往往是甲方与乙方的合作关系,房地产业是房地产开发建设的甲方,建筑业是乙方;房地产业是策划者、组织者和发包单位;建筑业则是承包单位,按照承包合同的要求完成基础设施建设、场地平整等土地开发和房屋建设的生产任务。

【出处】《房地产经纪综合能力》(第四版)P1

二、多项选择题

81.【答案】AB

【解析】新建商品房和存量住房是房地产经纪活动的主要客体。

【出处】《房地产经纪综合能力》(第四版)P5

82.【答案】ABDE

【解析】房地产经纪机构按照组织形式划分可以分为公司、合伙企业、个体工商户和独资企业；根据注册资金来源划分可以分为中资企业和外资企业。

【出处】《房地产经纪综合能力》（第四版）P20~21

83.【答案】ABD

【解析】房地产经纪信用档案包括全国房地产经纪信用档案、省级信用档案和市级信用档案。

【出处】《房地产经纪综合能力》（第四版）P25

84.【答案】ABC

【解析】根据交易类型，房屋交易的一般程序包括买卖程序、租赁程序和抵押程序。

【出处】《房地产经纪综合能力》（第四版）P43

85.【答案】ACE

【解析】为交易当事人规避房屋交易税费等非法目的，就同一房屋签订不同价款合同提供便利的，由县级以上地方人民政府建设（房地产）主管部门责令限期改正，记入信用档案；对房地产经纪人员处以1万元罚款；对房地产经纪机构，取消网上签约资格，处以3万元罚款。

【出处】《房地产经纪综合能力》（第四版）P46

86.【答案】AE

【解析】钢结构建筑，主要的承重构件采用钢材作为承重材料。这种结构造价较高，多用于高层公共建筑和跨度大的建筑，如体育馆、影剧院、跨度大的工业厂房等。这类房屋抗震性能较好，但不耐火，耐腐蚀性也较差。

【出处】《房地产经纪综合能力》（第四版）P62

87.【答案】ABDE

【解析】"三通一平"一般是指通路、通水、通电和场地平整。

【出处】《房地产经纪综合能力》（第四版）P58

88.【答案】AB

【解析】为减少墙体宽度，提高得房率，外墙在不降低保温效果前提下可采用保温复合墙、夹芯墙，非承重的内墙（隔墙）在保证隔声效果前提下可采用轻骨架隔墙和板材隔墙。

【出处】《房地产经纪综合能力》（第四版）P86

89.【答案】CDE

【解析】物权消灭的原因，可分为两种情形：（1）物权因民事法律行为的原因而消灭：① 抛弃；② 合同：合同约定的期间届满或约定物权消灭的合同生效时，物权即归于消灭；③ 撤销权的行使。（2）物权因民事法律行为以外的原因而消灭：① 标的物消失；② 法定期限的届满；③ 混同。

【出处】《房地产经纪综合能力》（第四版）P118~119

90.【答案】BCE

【解析】房屋所有权有单独所有、共同共有和建筑物区分所有权等；不动产用益物权主要包括建设用地使用权、宅基地使用权、土地承包经营权、居住权和地役权。不动产担保物权一般是指抵押权。

【出处】《房地产经纪综合能力》(第四版) P114~116

91.【答案】CD

【解析】定金罚则：债务人履行债务的，定金应当抵作价款或者收回。给付定金的一方不履行债务或者履行债务不符合约定，致使不能实现合同目的的，无权请求返还定金；收受定金的一方不履行债务或者履行债务不符合约定，致使不能实现合同目的的，应当双倍返还定金。

【出处】《房地产经纪综合能力》(第四版) P111

92.【答案】BC

【解析】出租房屋的实物状况包括土地实物状况和建筑物实物状况。土地实物状况包括土地的面积、形状、地形、地势、地质、土壤、开发程度等；建筑物实物状况包括建筑规模、建筑结构、设施设备、装饰装修、空间布局、建筑功能、外观、新旧程度等。

【出处】《房地产经纪综合能力》(第四版) P140

93.【答案】ADE

【解析】建筑物按照使用性质，分为民用建筑、工业建筑和农业建筑三大类。其中民用建筑根据使用性能，分为居住建筑和公共建筑两类。

【出处】《房地产经纪综合能力》(第四版) P60

94.【答案】ABCE

【解析】根据房屋买卖的类型分为新房市场和存量房市场、居住房地产市场和非居住房地产市场、现房市场和期房市场、高档、中档、低档房地产市场。

【出处】《房地产经纪综合能力》(第四版) P167~168

95.【答案】ACDE

【解析】房屋买卖市场的参与者主要有：买方、卖方、房地产经纪机构、其他专业服务机构和房地产市场管理者。

【出处】《房地产经纪综合能力》(第四版) P168

96.【答案】AD

【解析】在存量房买卖中，需对房屋进行估价的情形有：① 申请贷款时，公积金贷款中心或商业银行为确定房屋的价格需对待抵押的房地产进行估价；② 缴纳房地产有关税费时，交易双方申报的房屋成交价格过低，有关主管部门对房屋进行估价。

【出处】《房地产经纪综合能力》(第四版) P199

97.【答案】ACDE

【解析】房地产供给的基本因素有：① 房地产的价格水平；② 房地产的开发建设成本；③ 房地产的开发建设技术水平；④ 房地产开发企业和房地产拥有者对未来的预期。

【出处】《房地产经纪综合能力》(第四版) P180

98.【答案】ABC

【解析】可售公有住房中，根据房改政策，出售的价格有三种，即市场价，成本价和标准价。

【出处】《房地产经纪综合能力》(第四版) P174

99.【答案】AC

【解析】权利人本人申请查询不动产登记资料应提交：查询申请书、申请人的身份证明材料。

【出处】《房地产经纪综合能力》(第四版) P247

100.【答案】ABC

【解析】不动产用益物权是不动产用益物权人对他人所有的不动产依法享有的占有、使用、收益的权利。

【出处】《房地产经纪综合能力》(第四版) P115

编 者 简 介

杜岩

58安居客资深房产分析专家,深耕房地产行业15年。

刘惠鑫

58安居客培训赋能中心资深分析师。

赵汝霏

58安居客培训赋能中心职业资格考试内容教研负责人,从事房地产经纪相关工作近6年,其中3年考试钻研经验,主讲资格考试《房地产经纪职业导论》《房地产交易制度政策》《房地产经纪综合能力》课程,覆盖考试重点90%以上。

金梦蕾

58安居客培训赋能中心考试教研组高级教研员。2年习题册编写经验。擅长科目:《房地产经纪专业基础》《房地产经纪综合能力》。连续3年组织职业考试线上辅导工作,带班辅导学员过考率达80%以上。

侯蕴藝

58安居客培训赋能中心职业考试教研组新锐讲师,1年资格考试钻研经验,主讲协理课程内容,负责协理VIP班的答疑工作,并严格把控协理题库质量。

任芳芳

58安居客培训赋能中心高级讲师,7年房地产从业经验,其中5年房地产知识编写及相关命题经验,编写《房地产交易法律法规文件精选》《房地产交易知识库》《房地产经纪专业知识手册》等内容。

孙亚欣

北京正房科技联合创始人,全国房地产经纪专业人员职业资格考试人气讲师,北京房地产中介行业协会特聘讲师,全国房地产经纪人。从事房地产经纪相关工作十余年,组织线下讲座数百场,深受广大学员喜爱。

张莹

北京正房科技联合创始人,全国房地产经纪专业人员职业资格考试人气讲师,北京房地产中介行业协会特聘讲师,全国房地产经纪人。从事房地产经纪相关工作十余年,针对考点直击核心,让学员茅塞顿开,受益无穷。